重賞
穴パターン事典

メシ馬 著

oo-parts publishing

まえがき

私が競馬予想で表舞台へ立ったのは2016年。
当時はTwitterで競馬予想を公開している人はほぼおらず、メディアに出ていて影響力のある方は血統予想や調教予想が主流。そんな中で私が目を付け、実行したのは「当たり前のことを当たり前にする」という考え方をTwitterで積極的に発信していくことでした。

今となってはSNS上で自身の予想を公開したり、さらにはレースの回顧まで丁寧に公開していくことですら「至極当然、当たり前のこと」になりましたが、つい7、8年前まではそれが行われていなかったのです。

競馬予想においても同じです。当時の私が注目してもらえたのは、こう発信していたからです。

「血統や調教の前にまずはレース映像を穴があくほど見ましょう」
「レースごとにレベル差があることを意識して、ハイレベルレースを探しましょう」
「馬一頭一頭の個性を理解して予想しましょう」

今となっては、今さら何言ってるの……？と思われそうですが、当時はそうでなかったからこそ、現在まで私、メシ馬がこうして表舞台で活躍できているわけです。

このように、競馬予想とSNSというのは非常に強い関わりがあります。今は自身で映像を見なくてもSNSで不利のあった馬がわかりますし、影響力を持つ人の推している馬がわかります。さらにはそれらの情報を自身で確認していないにもかかわらずそれに乗っ

かる人がいる……という特殊な時代です。だからこそ、「情報が集まりやすい重賞」においては個別の馬の特徴を理解し買う、という方法では勝つのが難しくなっています。

検索をかければいくらでも特定の馬の情報を得られるSNS・競馬予想最盛期だからこそ、カラーバス効果の威力が増してきています。

カラーバス効果とは？

自分が意識している事柄ほど、それに関係する情報が自分のところに舞い込んでくる現象のことを指します。人間の脳は、特定の事象を意識することで、五感で得られた情報からその特定事象のみを積極的に認識するという性質を持ちます。

こうした時代の中で勝つためには、結局のところ「競馬の本質を理解して、それを応用する」しか道はありません。

なので本書においては、既存の重賞本の様に個々の重賞のデータを載せるような形にはせず、本質の理解や、オッズの偏向に意識を向けたものを取り扱うようにしています。つまり、データが変わる度に毎年更新するようなものではなく、長きに亘って有効である考え方を取り扱うようにしています。

上述のような重賞での予想アプローチの考え方・方法論については、毎週netkeibaのコラムにて公開しています。netkeibaのコラムは木曜日12:00に公開されていますが、その執筆をしているのはたいてい当該重賞開催の前週です。そのため、当週に入稿する予想とコラムでピックアップした馬が違うことも多々あるわけですが、コラム執筆時→前週競馬開催→出走馬確定・枠順確定という流れの中で「なぜ本命馬を変更したのか（または変更しなかったのか）の過程」はどこにも公開していません。しかしながら、この過程での試行錯誤こそが重要であり、将来行われる重賞で的中を引き寄せるカギなのです。

そこで第3章では、netkeibaの重賞コラムからどのような過程を経て、本命馬の決定・買い目の作成に至ったかを、実際のコラム原稿を用いて解説しています。ただし、本書では競馬予想本にありがちな、的中したものだけを解説しているわけではありません。むしろ取り扱っている重賞のうち、的中した例を用いたのは8例。不的中が10例ですので、不的中のほうが多くなっています。

実に4割、的中したレースを選んでいるわけですが、そもそも的中率は30%程度のものなので40%でも少し的中寄りにレースを選んでしまっている次第です。

このように不的中であったものからも選択しているのは、本来は不的中のほうが多いというのと、不的中であったレースこそ学べることが多いからです。コラムの考え方は合っていたとしても、それが必ずしも馬券の的中にはつながりませんし、来年以降も使える考え方であるのに「不的中だったから来年は使わない！」と風化させてしまうのはあまりに惜しいからです。

また、不的中の中にはコラムで挙げていた推奨馬が好走したが、本番では本命を他の馬に変えて不的中になってしまった、という例もあります。この場合、コラム～本番までの過程で何が間違ってしまったのか、それをどのように捉え、どのように反省をし、どのよ

うに次へ活かすか……それが本書を手に取っていただいた皆さんの馬券力向上にもつながると思うので、不的中を包み隠さず公開しています（本当は気持ちよく的中したものだけズラッと並べたいですよ……笑）。

競馬で勝つためには、常に他人が注目しないことに注目する。

競馬で勝つためには、常に他人が誤って認識していることを逆手に取って武器とする。

競馬で勝つためには、常に他人の裏を狙う。

ものの5年ほどで、言っていることを180度変えることは非常に怖くもありました。そもそも日本人は「変化を嫌う人種である」からです。ドーパミン受容体から遺伝的にそうである……といった論文から、実際の実地調査で日本人の国民性を国際比較調査したものまで様々な研究で明らかになっています。

しかしながら、どんな仕事においても時代やニーズに沿って変革をもたらすことは非常に大事ですし、パリミュチュエル方式の競馬においてはなおさらです。日本人同士が馬券を取り合う競馬だからこそ、自分の意識や考えを変えていくことは大きな武器になります。

数年前の競馬とは違い、当たり前のことを当たり前に理解したら負ける時代。本書の内容も5年後には「当たり前」であって通用しない考え方かもしれません。その時には本書の内容を思い出していただき、それが変革を進めるきっかけになれば幸いです。

2023年4月　メシ馬

目　次

コウエイオトメ

第1章

なぜ重賞での穴狙いが有効なのか?

聞き手：オーパーツ・パブリッシング 編集 K3

重賞は馬を見なくても戦える!!
平場と重賞の違い

——当初、この章は原稿を書いていただこうと思いましたが、僕自身聞きたいことや疑問に思うことがたくさんあったので、インタビュー形式にさせていただきました。

メシ馬　重賞本なのに個々の重賞のデータがないとか、かなり特殊な本ですからね。

——なので、読者の皆さんの代わりに僕が質問をしたいと思います。

メシ馬　わかりました。

——まず、本書は『穴パターン事典』シリーズの第三弾となりますが、どうして重賞にフォーカスしたんでしょうか?

メシ馬　色々な時代の変化があって、今は**重賞で穴を狙うのが効果的**だと思ったからです。

——平場と重賞はどう違うんですか?

メシ馬　平場はみんなが時間を割いて予想できるわけではないので、個々の馬の能力を分析することで勝負ができます。でも、重賞となると多くの人が擦るほどレース映像を見ていますし、個々の馬の能力や特徴についてインフルエンサー達が情報を発信しています。そうなると、なかなかオリジナリティのある分析ができません。

——SNSを見ていると「へぇ」と思うことありますもんね。それがなかったら気付かなかったようなこともたくさんあります。

メシ馬　不利があったとか、ロスがあったとか、展開が明らかに向かなかったとか、**以前はそれに気付いた人だけのアドバンテージになっていたものが、競馬予想界隈におけるSNSの普及によってそうじゃなくなりつつあります。**

——バレバレすぎてオッズが下がるわけですね。

メシ馬　単勝20倍だったら勝率5%でよかったのに、単勝10倍になれば勝率が10%必要になるわけです。勝率が倍になるって相当ですからね。ちょっとやそっとのことでは起こり得ません。重賞ではこういったSNSの情報でオッズの歪みが生じやすくなっているんです。

——重賞だけ買うファンも、誰かしらの見解を参考にするでしょうからね。

メシ馬　以前は専門誌がオッズを作っていましたけど、今はそれだけじゃなく、インフルエンサーの発信や予想でも大きく動きます。

——専門誌を見て「人気なさそう」と思って本命にしたら、ものすごくオッズが低かったということはよくあります。じゃあ、そういう時代になった今、どうするのがいいんですか？

メシ馬　**極端に言ってしまえば「馬を見ないこと」です。**今の重賞は馬を見なくても戦えますから。

——本当ですか!?

メシ馬　どんなレースでも盲点になりやすい点が必然的に生まれるので、そこを狙っていくんです。むしろレース映像から情報を得ようとしすぎて、以前よりも盲点は増えていると思います。

——「馬を見なくてもいい」というのは、個々の馬の能力を考えなくてもいいってことですよね？

メシ馬　以前より馬の能力がオッズに反映されやすい状況ですから、能力通りに決まれば配当は安いわけです。じゃあ、穴を狙うためにはどうすればいいか？ **能力順に決まらない決着を狙うんです。**

——でも、人気サイドで決まってしまうこともありますよね。

メシ馬　重賞は平場に比べたら能力順の決着にはなっていないと思います。たまに能力順で決着しても配当がものすごく安いですし。

——それなら能力を見て当てにいくより、イレギュラーを狙ったほうがいいということですね。

メシ馬　例えば、昨年末に僕が当てたホープフルSも、実力どおり

メシ馬の予想

11R ホープフルS GI

12月28日(水) 15:25 中山 芝2000m

予想印

◎	15	キングズレイン (6人気)
○	18	ミッキーカプチーノ (1人気)
▲	8	トップナイフ (7人気)
△	1	ファントムシーフ (2人気)
△	6	グリューネグリーン (9人気)
△	9	セブンマジシャン (3人気)
△	11	ドゥラエレーデ (14人気)
△	13	ヴェルテンベルク (11人気)
△	14	ジェイパームス (10人気)

【ご注意】予想の転載はお控えください

レース結果

着順	印	馬番	馬名	人気(単勝オッズ)
1	△	11	ドゥラエレーデ	14人気(90.6倍)
2	▲	8	トップナイフ	7人気(18.7倍)
3	◎	15	キングズレイン	6人気(18.2倍)

もっとみる

買い目

券種・買い目	組み合わせ・点数
馬連 (流し)	軸 : 15 相手 : 1 6 8 9 11 13 14 18 8通り 各100円
馬連 (流し)	軸 : 15 相手 : 8 9 11 13 14 18 6通り 各100円
ワイド (通常)	8 − 15 的中 500円 払い戻し : 500円x33.5倍=16,750円
ワイド (通常)	9 − 15 1,500円
ワイド (通常)	13 − 15 500円
ワイド (通常)	15 − 18 1,800円
3連複 (フォーメーション)	馬1 : 15 馬2 : 8 9 13 18 馬3 : 1 6 8 9 11 13 14 15 18 的中 22通り 各100円 払い戻し 8-11-15 : 100円x2329.7倍=232,970円
3連複 (フォーメーション)	馬1 : 15 馬2 : 18 馬3 : 1 6 8 9 11 13 14 7通り 各300円
合計	10,000円

払い戻し・収支

払い戻し金額	収支
249,720円	+239,720円

の決着とは思えないですよね。スローペースの前残りですから。ああいうイレギュラーが発生すると能力があっても対応できませんからね。

オッズの作られ方はどう変わった？

――SNSの普及以前と以後では、オッズの動きはどう変わったんでしょうか？

メシ馬　キャッチーな馬っていますよね。前走でスムーズじゃなかったとか、以前だったらこれで儲かっていたんだろうなというようなわかりやすい馬です。そういう馬は今は売れ過ぎてしまいます。

――説得力のありそうな推奨理由に過剰に魅かれてしまうということですよね。

メシ馬　発信する側からすると、どれだけ納得させられるかが勝負ですから。5年くらい前までは僕もそれをしていたわけですけど、**「論理的に考えてこの馬が来るよね？」みたいな馬がいたとすると、以前よりもオッズが下がりやすくなっているんです。**

――みなさん、メシ馬さんのツイートを熱心に見ていましたもんね。

メシ馬　そもそも『穴パターン事典』って「多くの人が当たり前のことができていないから、オッズ妙味がある馬っているよね？」という切り口で書いたんですけど、当たり前のことをSNSなどを使ってみんながある程度理解し、実行できる時代になってしまったので、**今度は当たり前じゃないところを狙わないと勝負にならない**なと思ったんです。

――5年くらい前まではSNSで発信する側だったのに、今はそれを利用する側になったということですね。

メシ馬　そうですね。僕はここ数年SNSでは黙っていますからね。

――まぁ、SNSでつぶやくのは、メシ馬さんにとってもメシ馬さんの予想を見る人にとってもメリットないですもんね。
メシ馬　オッズの作られ方が変わって逆転現象も起きています。前走で明らかに恵まれた馬がSNS上で嫌われすぎて、実際のオッズが高くなっている例です。単勝4倍くらいと想定していたら8倍ついている。4倍なら勝率25%必要ですけど、8倍なら勝率12.5%で良いわけですから、8倍つくのがわかっていたら消しでしたか？と言うと、たぶん違うんです。今はそういったところにオッズ妙味が発生するのかなと思っています。予想を配信する立場にある人はレース15分前に予想を公開できることは少なく、遅くても当日朝、人によっては前日夜の場合が多いというのも影響していると思います。
――予想が正しいかどうかよりも、どういうオッズで買うかのほうが大事ということですね。
メシ馬　競馬の予想に「これだけが正しい」という方法はありません。みんなが同じ予想法を使えば儲からなくなるわけで矛盾が生じます。
――じゃんけんみたいなものですね。しかも、オッズを見て買うのは後出しじゃんけんですよね。
メシ馬　**僕は常に期待値が取れるかどうかを考えているんですけど、同じ馬でもオッズが変われば期待値が変わります。**そう考えると、馬そのものよりもオッズのほうが大事なんです。しかも、それはずっと不変です。
――確かに、じゃいさんも卍さんも馬よりもオッズ重視でしたから、それは理解できますね。
メシ馬　競馬予想って強い馬を見つけることが目的ではないんです。『マンガでわかる 勝つための競馬入門』に書いたように「強いのに人気がない馬を見つける」のが本来の目的です。まず、そこをもう一度考えてほしいですね。

回収率100%を超えるために必要な考え方とは?

メシ馬　昔からオッズが大事だという話をしていますけど、ボンヤリとはわかっていてもちゃんと理解できていない人もいると思います。

——どういう意味ですか？

メシ馬　先ほども例に挙げましたけど、単勝20倍と単勝10倍で必要になる勝率が倍違うという単純なことに気付いていないんです。例えば、2023年中山牝馬Sのアートハウスとストーリアです。アートハウスは斤量57kgで単勝2.9倍、ストーリアは斤量52kgで単勝13.2倍。回収率100%を超えるための勝率はアートハウスが34.5%、ストーリアが7.6%です。これを見てどう思うかです。

　補足をすると、秋華賞ではアートハウスが5着、ストーリアが8着。タイム差はなく、斤量も両者55kgでした。それでいて今回、両者の斤量差は5kg。これを見て「アートハウスのほうが5倍近く勝率が高いんだ！」と主張できる人は多くないと思います。今これを見ている人の中でも、なんでアートハウスはこんなに人気だったんだ？と思い返す方は多いでしょう。ただ、事実そうだったんです。オッズと勝率の重要性がわかる典型例だと思います。

——確かに、斤量57kgのアートハウスは人気になりすぎだと思います。ただ、「この馬は勝率何%ぐらいだろう」というのは個人差がありますよね？

メシ馬　アナログでやるのは確かに難しいかもしれません。そこはオッズの変動をずっと見てきた僕の強みでもあると思います。でも、一般の競馬ファンの方にもできると思うんです。

——そうなんですか？

メシ馬　今の競馬ファン、少なくともデータやコース形態やトラッ

2023年3月11日 中山11R
中山牝馬S(GⅢ) 芝1800m良

着	馬名	斤量	位置取り	前走成績	単勝オッズ	人気
1	5 ⑧ スルーセブンシーズ	54	9-9-8-5	初富士S(3勝)1着	3.7	2
2	7 ⑫ ストーリア	52	6-7-3-3	初音S(3勝)10着	13.2	6
3	4 ⑤ サトノセシル	55	8-7-5-5	愛知杯(G3)5着	11.1	5
4	3 ④ アートハウス	57	3-3-3-3	愛知杯(G3)1着	2.9	1
5	6 ⑨ クリノプレミアム	55.5	5-3-2-2	中山金杯(G3)2着	5.7	3
6	7 ⑪ スライリー	53	6-6-8-9	キャピタルS(L)13着	62.2	9
7	3 ③ リノキアナ	50	11-11-10-10	但馬S(3勝)10着	309.8	14
8	8 ⑭ ウインピクシス	53	1-1-1-1	壇之浦S(3勝)1着	6.1	4
9	8 ⑬ イリマ	50	12-11-10-10	但馬S(3勝)8着	77.7	11
10	4 ⑥ シャーレイポピー	53	2-2-5-5	京都金杯(G3)11着	70.5	10
11	6 ⑩ ラルナブリラーレ	54	10-10-12-10	阪急杯(G3)12着	40.1	8
12	1 ① コトブキテティス	52	13-13-13-13	中日新聞杯(G3)15着	224.1	13
13	5 ⑦ エイシンチラー	53	3-3-5-5	ニューイヤーS(L)4着	17.8	7
14	2 ② クロスマジェスティ	51	14-13-13-13	幕張S(3勝)11着	112.5	12

単勝370円　複勝160円 310円 270円　枠連1,420円
馬連2,150円　ワイド720円 630円 1,590円
馬単3,310円　三連複5,920円　三連単25,320円

クバイアスを意識しているような人は馬を選定する能力が高いと思っています。たぶん気付いていないだけで単複だったら回収率90%ぐらい取れる予想力があると思うんですよ。オッズに見合うかどうかという視点を忘れているだけで。たぶん、**多くの人が自分が買おうとしている馬が想定より人気になっていた場合でも馬券を買っていると思います。でも、回収率100%を超えるためには、「じゃあ、別の馬が期待値を持っているよね」という考え方にシフトすべきなんです。**
——これができている人は少ないでしょうね。
メシ馬　あと、週中から予想する人はnetkeibaの予想オッズを見ると思うんですけど、あれも仕組みを理解しておいたほうがいいですね。あの予想オッズは、競馬ファンの予想などを基にnetkeibaが独自に開発したAIを用いて作られたオッズなんですが、あくまでも想定オッズです。月曜段階のオッズを見て「こんなにつくなら本命にしよう」と決めてしまうと、週末が近づくにつれてオッズが下がってきて、「バレてきた」「こんなオッズなら買えない」となります。
——僕もよくあります。
メシ馬　思ったよりオッズがつかないと思ったときに仕切り直せたらいいんですけど、一番恐いのは「認知バイアス」の一種である「確証バイアス」です。人間というのは自分の都合のいい情報だけ集めてしまうんです。予想オッズの時点で「この馬がおいしい」と思い込んだら、オッズが低くなっても引けなくなります。週中から分析するのが主流になっている中で、こういうのが顕著になってきている気がしていますね。
——それもよくあります(笑)。
メシ馬　同時にそれと逆のことも起きます。予想オッズを見て「5倍しかつかないなら買えないな」と思った馬が当日オッズで10倍ついたとき。一度ダメだと思っているから「買おう」と思えなくなるんです。
——自分の中では既に消した馬ですから、10倍ついていることにも気付かないかもしれませんね。
メシ馬　それも結構あると思います。なので、僕は最近、週中の予想オッズはまったく見ないようにしています。

週中、週末に気をつけるべきこと

——では、週中は何をすべきですか?
メシ馬　**予想オッズを見るよりも、そのレースがどのような構造で、どういう馬が盲点になるかを考えたほうがいい**ですね。実際、僕がnetkeibaで書いている木曜コラムも「この馬がこう強い」みたいな話は書いていません。「このレースはこういう枠組みの中にあって、こういうステップレースだから、ハマるとしたら…妙味が出やすいのは…こういう馬だよね」という話を書いています。あとはオッズ、天候、枠を見て決めましょうという形にしているんですけど、それはその時点で「この馬が注目です!」って書くと、前述の確証バイアスにハマって自分も抜けられなくなるのでそういう書き方をしています。
——第3章では木曜コラムから実際の予想までの間に何を考えていたのかを解説してもらっていますけど、最終的な予想はいつアップしているんですか?
メシ馬　レース当日の朝方が多いですね。そこまで引っ張ったほうが、オッズからどんな感じで推されているのか見えると思うので。売り出した直後や深夜のオッズを見ていると、誰かわからないけど影響力のある人が推しているんだろうなという馬がわかります。オッズの不思議なところは、そういう売れ方をすると他の馬券購入者の目にも入ってくることなんです。最終的に人気薄になるとしても、

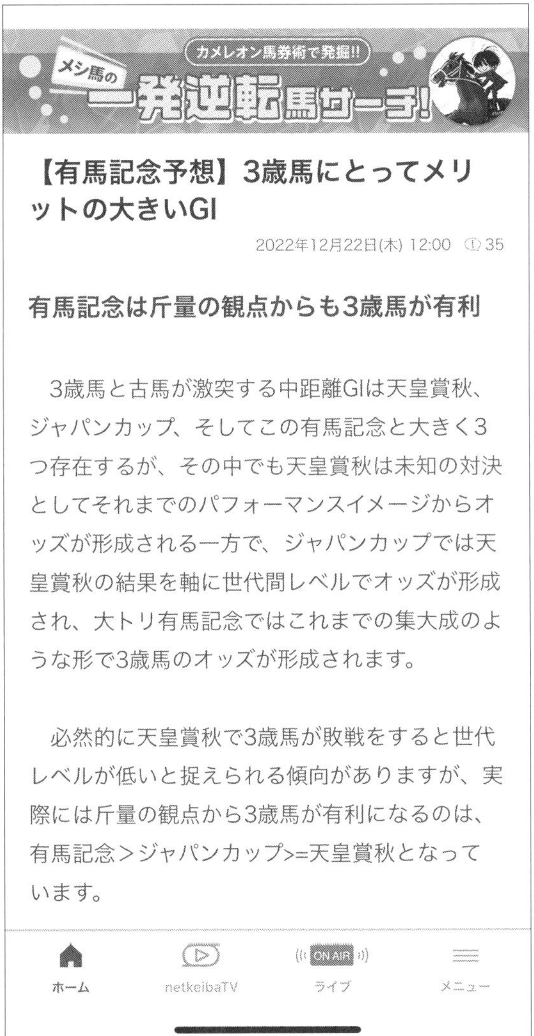

【有馬記念予想】3歳馬にとってメリットの大きいGI

2022年12月22日(木) 12:00 35

有馬記念は斤量の観点からも3歳馬が有利

3歳馬と古馬が激突する中距離GIは天皇賞秋、ジャパンカップ、そしてこの有馬記念と大きく3つ存在するが、その中でも天皇賞秋は未知の対決としてそれまでのパフォーマンスイメージからオッズが形成される一方で、ジャパンカップでは天皇賞秋の結果を軸に世代間レベルでオッズが形成され、大トリ有馬記念ではこれまでの集大成のような形で3歳馬のオッズが形成されます。

必然的に天皇賞秋で3歳馬が敗戦をすると世代レベルが低いと捉えられる傾向がありますが、実際には斤量の観点から3歳馬が有利になるのは、有馬記念＞ジャパンカップ>=天皇賞秋となっています。

ホーム netkeibaTV ON AIR ライブ メニュー

netkeiba.comで連載中の「メシ馬の一発逆転馬サーチ！」。毎週木曜12時に更新される。

瞬間的に2、3番人気になっていると気になるでしょうし、人気馬には全部流しておこうという人も買います。そうなるとマイナスですよね。

――それくらいオッズが動くなら一般の競馬ファンはギリギリまでオッズを見たほうがいいですね。予想家さんはそうはいきませんけど、それだけで有利になる可能性がありますよね。

メシ馬　そうですね。僕も許されるならば3回くらい予想を変えたいです（笑）。

――自分の予想でオッズを下げているわけですから、そりゃそうなりますよね（笑）。

メシ馬　それぐらいオッズは当たり前に動くので、ギリギリまで見たほうがいいですね。

重賞こそ穴狙いをすべき!!

――『穴パターン事典』ですから、メシ馬さんは当然穴狙いに徹するわけですよね？

メシ馬　はい、重賞こそ穴狙いの意識を持ったほうがいいと思います。

――「重賞こそ」というのは、平場は違うということですか？

メシ馬　最近の傾向として、平場は人気馬の組み合わせのほうが勝ちやすくなっています。人気馬の馬連を1～2点に絞るとかですね。

――どうしてそんなことになったんですか？

メシ馬　今までは穴で一発取れれば回収率が100％を超えるという戦い方で全然勝てたんですけど、今は期待値を持っているおいしい目をAIがかっさらっちゃうんですよ。一昔前の中穴が全部人気になっているイメージで、戦いにくくなっていますね。

――平場の期待値勝負はAIのほうが強いということですよね。人間よりも網羅的に見られるから。
メシ馬　圧倒的に有利ですね。僕は毎週、高期待値の馬を1レースあたり3～4頭出しているんですけど、それも単勝オッズ別で見ると1桁オッズの馬は単複回収率100%を超えているのに、10倍以上の馬が80%ぐらいになっています。以前よりも高配当ゾーンのオッズが渋くなっているんです。
――重賞だとAIの影響はそこまでではないということですか？
メシ馬　そうですね。想像でしかないですけど、サンプル数の少なさゆえのブレがあるんだと思います。あと、重賞のほうがジョッキーも積極的に勝ちにくるので、イレギュラーなことが多くなるというのもありそうです。そういう意味で、**重賞はつけ入る隙が大いにある**のかなと思っています。
――netkeibaの「ウマい馬券」で予想を開始してからの重賞成績を拝見しましたが、トータルの回収率は115.2%でした（2021年3月27日～2023年3月12日）。メシ馬さんの予想はずっと売れ筋1位ですよね。それだけ見られているのに、この回収率は驚異的だと思います。
メシ馬　netkeibaデビューからトータルでの細かい回収率は知りませんでしたけど、プラスだとは思っていました。
――ただ、穴狙いだけあって非常に波があります。
メシ馬　そうですか。毎週36レース行われている中のひとつふたつという感覚でやっているので意識していませんでした。特に重賞は当てにいかないし、あくまで分析したパターンに当てはまる馬を狙っていくだけなので、当たらなくても気にならないのかもしれません。
――本書を参考にする読者のみなさんには、注意点としてここはお知らせしておきましょう（笑）。

「ウマい馬券」におけるメシ馬の重賞成績

2021年

日付	レース名	購入金額	払戻	収支
3月27日(土)	日経賞	9,000	0	-9,000
3月27日(土)	毎日杯	9,500	0	-9,500
3月28日(日)	マーチS	10,000	0	-10,000
3月28日(日)	高松宮記念	7,000	0	-7,000
4月3日(土)	ダービー卿CT	9,000	0	-9,000
4月4日(日)	大阪杯	10,000	0	-10,000
4月10日(土)	ニュージーランドT	9,900	24,570	14,670
4月10日(土)	阪神牝馬S	8,000	34,400	26,400
4月11日(日)	桜花賞	9,000	0	-9,000
4月17日(土)	アーリントンC	10,000	18,000	8,000
4月18日(日)	皐月賞	10,000	0	-10,000
4月18日(日)	アンタレスS	10,000	29,000	19,000
4月24日(土)	福島牝馬S	10,000	0	-10,000
4月25日(日)	フローラS	10,000	88,440	78,440
4月25日(日)	マイラーズC	5,000	0	-5,000
5月1日(土)	青葉賞	8,000	0	-8,000
5月2日(日)	天皇賞春	5,000	0	-5,000
5月8日(土)	京都新聞杯	10,000	0	-10,000
5月9日(日)	NHKマイルC	5,000	0	-5,000
5月15日(土)	京王杯SC	8,000	30,400	22,400
5月16日(日)	ヴィクトリアマイル	9,600	18,100	8,500
5月22日(土)	平安S	9,000	0	-9,000
5月23日(日)	オークス	9,600	30,460	20,860
5月29日(土)	葵S	10,000	0	-10,000
5月30日(日)	日本ダービー	9,200	0	-9,200
5月30日(日)	目黒記念	6,500	0	-6,500
6月5日(土)	鳴尾記念	8,500	0	-8,500
6月6日(日)	安田記念	7,000	0	-7,000
6月13日(日)	エプソムC	5,000	0	-5,000
6月13日(日)	函館スプリントS	5,000	12,000	7,000
6月20日(日)	ユニコーンS	9,900	215,120	205,220
6月20日(日)	マーメイドS	8,000	0	-8,000
6月27日(日)	宝塚記念	10,000	0	-10,000
7月4日(日)	ラジオNIKKEI賞	7,000	43,300	36,300
7月4日(日)	CBC賞	5,000	21,000	16,000
7月11日(日)	七夕賞	9,400	0	-9,400
7月11日(日)	プロキオンS	7,000	0	-7,000
7月17日(土)	函館2歳S	7,000	0	-7,000
7月18日(日)	中京記念	7,000	0	-7,000
7月18日(日)	函館記念	10,000	51,400	41,400

日付	レース名	購入金額	払戻	収支
7月25日(日)	アイビスSD	9,200	0	-9,200
8月1日(日)	クイーンS	10,000	0	-10,000
8月8日(日)	レパードS	10,000	32,080	22,080
8月8日(日)	エルムS	10,000	0	-10,000
8月15日(日)	関屋記念	8,500	0	-8,500
8月15日(日)	小倉記念	5,000	15,000	10,000
8月22日(日)	北九州記念	10,000	0	-10,000
8月22日(日)	札幌記念	9,000	34,200	25,200
8月29日(日)	新潟2歳S	9,400	0	-9,400
8月29日(日)	キーンランドC	10,000	0	-10,000
9月4日(土)	札幌2歳S	8,400	19,640	11,240
9月5日(日)	新潟記念	10,000	0	-10,000
9月5日(日)	小倉2歳S	9,800	67,920	58,120
9月11日(土)	紫苑S	10,000	0	-10,000
9月12日(日)	京成杯AH	10,000	0	-10,000
9月12日(日)	セントウルS	9,900	0	-9,900
9月19日(日)	ローズS	10,000	0	-10,000
9月20日(月)	セントライト記念	10,000	0	-10,000
10月2日(土)	シリウスS	10,000	12,600	2,600
10月3日(日)	スプリンターズS	9,800	0	-9,800
10月9日(土)	サウジアラビアRC	9,000	0	-9,000
10月10日(日)	毎日王冠	9,700	0	-9,700
10月10日(日)	京都大賞典	10,000	0	-10,000
10月16日(土)	府中牝馬S	9,600	0	-9,600
10月17日(日)	秋華賞	9,800	0	-9,800
10月23日(土)	富士S	10,000	88,700	78,700
10月24日(日)	菊花賞	9,500	0	-9,500
10月30日(土)	アルテミスS	10,000	0	-10,000
10月30日(土)	スワンS	8,500	18,450	9,950
10月31日(日)	天皇賞秋	9,000	8,800	-200
11月6日(土)	京王杯2歳S	10,000	0	-10,000
11月6日(土)	ファンタジーS	9,000	0	-9,000
11月7日(日)	アルゼンチン共和国杯	10,000	0	-10,000
11月7日(日)	みやこS	9,500	0	-9,500
11月13日(土)	武蔵野S	9,700	27,580	17,880
11月13日(土)	デイリー杯2歳S	10,000	0	-10,000
11月14日(日)	エリザベス女王杯	9,400	282,710	273,310
11月14日(日)	福島記念	9,500	15,000	5,500
11月20日(土)	東スポ杯2歳S	9,300	22,400	13,100
11月21日(日)	マイルCS	8,000	0	-8,000
11月27日(土)	京都2歳S	10,000	0	-10,000
11月28日(日)	ジャパンC	10,000	0	-10,000
11月28日(日)	京阪杯	9,900	0	-9,900
12月4日(土)	ステイヤーズS	8,500	0	-8,500

日付	レース名	購入金額	払戻	収支
12月4日(土)	チャレンジC	9,500	0	-9,500
12月5日(日)	チャンピオンズC	10,000	88,250	78,250
12月12日(日)	カペラS	10,000	0	-10,000
12月12日(日)	阪神JF	10,000	0	-10,000
12月18日(土)	ターコイズS	10,000	0	-10,000
12月19日(日)	朝日杯FS	8,000	0	-8,000
12月25日(土)	阪神C	9,500	0	-9,500
12月26日(日)	有馬記念	10,000	0	-10,000
12月28日(火)	ホープフルS	8,400	7,680	-720

2022年

日付	レース名	購入金額	払戻	収支
1月5日(水)	中山金杯	9,200	0	-9,200
1月5日(水)	京都金杯	10000	25,310	15,310
1月9日(日)	シンザン記念	10000	0	-10,000
1月10日(月)	フェアリーS	10000	0	-10,000
1月15日(土)	愛知杯	9,900	21,540	11,640
1月16日(日)	京成杯	9,800	0	-9,800
1月16日(日)	日経新春杯	10,000	23,880	13,880
1月23日(日)	アメリカJCC	10000	0	-10,000
1月23日(日)	東海S	10000	25,200	15,200
1月30日(日)	根岸S	10000	0	-10,000
1月30日(日)	シルクロードS	9,600	8,280	-1,320
2月6日(日)	東京新聞杯	9,900	0	-9,900
2月6日(日)	きさらぎ賞	9,800	20,000	10,200
2月12日(土)	クイーンC	10000	0	-10,000
2月13日(日)	共同通信杯	9,600	0	-9,600
2月13日(日)	京都記念	10000	0	-10,000
2月19日(土)	ダイヤモンドS	10,000	28,480	18,480
2月19日(土)	京都牝馬S	9,900	0	-9,900
2月20日(日)	フェブラリーS	9,900	0	-9,900
2月20日(日)	小倉大賞典	8,400	10,670	2,270
2月27日(日)	中山記念	9,900	0	-9,900
2月27日(日)	阪急杯	9,600	0	-9,600
3月5日(土)	オーシャンS	10000	0	-10,000
3月5日(土)	チューリップ賞	10000	0	-10,000
3月6日(日)	弥生賞	10000	27,800	17,800
3月12日(土)	中山牝馬S	9,900	185,820	175,920
3月13日(日)	フィリーズレビュー	9,000	23,700	14,700
3月13日(日)	金鯱賞	10000	0	-10,000
3月19日(土)	ファルコンS	10000	0	-10,000
3月20日(日)	スプリングS	9,800	24,500	14,700
3月20日(日)	阪神大賞典	9,600	0	-9,600
3月21日(月)	フラワーC	10000	0	-10,000
3月26日(土)	日経賞	9,000	0	-9,000

日付	レース名	購入金額	払戻	収支
3月26日(土)	毎日杯	10000	0	-10,000
3月27日(日)	マーチS	10,000	30,160	20,160
3月27日(日)	高松宮記念	10000	0	-10,000
4月2日(土)	ダービー卿CT	10,000	59,460	49,460
4月3日(日)	大阪杯	9,000	0	-9,000
4月9日(土)	ニュージーランドT	10000	0	-10,000
4月9日(土)	阪神牝馬S	10000	0	-10,000
4月10日(日)	桜花賞	10,000	11,740	1,740
4月16日(土)	アーリントンC	10000	0	-10,000
4月17日(日)	皐月賞	10,000	35,680	25,680
4月17日(日)	アンタレスS	10,000	43,700	33,700
4月23日(土)	福島牝馬S	10,000	13,390	3,390
4月24日(日)	フローラS	10000	0	-10,000
4月24日(日)	マイラーズC	9,900	0	-9,900
4月30日(土)	青葉賞	9,600	0	-9,600
5月1日(日)	天皇賞春	9,900	0	-9,900
5月7日(土)	京都新聞杯	10000	0	-10,000
5月8日(日)	NHKマイルC	10000	0	-10,000
5月8日(日)	新潟大賞典	10000	0	-10,000
5月14日(土)	京王杯SC	10000	0	-10,000
5月15日(日)	ヴィクトリアマイル	9,900	0	-9,900
5月21日(土)	平安S	10,000	33,500	23,500
5月22日(日)	オークス	9,400	0	-9,400
5月28日(土)	葵S	9,900	23,240	13,340
5月29日(日)	日本ダービー	10,000	0	-10,000
5月29日(日)	目黒記念	10,000	14,640	4,640
6月4日(土)	鳴尾記念	10000	0	-10,000
6月5日(日)	安田記念	10000	0	-10,000
6月12日(日)	エプソムC	9,900	0	-9,900
6月12日(日)	函館スプリントS	9,900	0	-9,900
6月19日(日)	ユニコーンS	9,800	0	-9,800
6月19日(日)	マーメイドS	9,800	0	-9,800
6月26日(日)	宝塚記念	10000	0	-10,000
7月3日(日)	ラジオNIKKEI賞	10000	0	-10,000
7月3日(日)	CBC賞	10000	0	-10,000
7月10日(日)	七夕賞	10,000	21,780	11,780
7月10日(日)	プロキオンS	10000	0	-10,000
7月16日(土)	函館2歳S	10000	0	-10,000
7月17日(日)	函館記念	10000	0	-10,000
7月24日(日)	中京記念	10000	0	-10,000
7月31日(日)	アイビスSD	10000	0	-10,000
7月31日(日)	クイーンS	10000	0	-10,000
8月7日(日)	レパードS	10,000	23,200	13,200
8月7日(日)	エルムS	10000	0	-10,000

日付	レース名	購入金額	払戻	収支
8月14日(日)	関屋記念	10000	0	-10,000
8月14日(日)	小倉記念	10000	0	-10,000
8月21日(日)	北九州記念	10000	0	-10,000
8月21日(日)	札幌記念	10000	0	-10,000
8月28日(日)	新潟2歳S	10000	0	-10,000
8月28日(日)	キーンランドC	9,900	0	-9,900
9月4日(日)	新潟記念	10000	0	-10,000
9月4日(日)	小倉2歳S	10000	0	-10,000
9月10日(土)	紫苑S	10,000	39,500	29,500
9月11日(日)	京成杯AH	8,500	0	-8,500
9月11日(日)	セントウルS	10000	0	-10,000
9月18日(日)	ローズS	10,000	34,000	24,000
9月19日(月)	セントライト記念	10,000	0	-10,000
9月25日(日)	オールカマー	10000	0	-10,000
9月25日(日)	神戸新聞杯	10,000	52,400	42,400
10月1日(土)	シリウスS	10000	0	-10,000
10月2日(日)	スプリンターズS	10000	0	-10,000
10月8日(土)	サウジアラビアRC	9,600	0	-9,600
10月9日(日)	毎日王冠	10000	0	-10,000
10月10日(月)	京都大賞典	10000	0	-10,000
10月15日(土)	府中牝馬S	10000	0	-10,000
10月16日(日)	秋華賞	10000	0	-10,000
10月22日(土)	富士S	10000	0	-10,000
10月23日(日)	菊花賞	10000	0	-10,000
10月29日(土)	アルテミスS	10000	0	-10,000
10月29日(土)	スワンS	10000	0	-10,000
10月30日(日)	天皇賞秋	10000	0	-10,000
11月5日(土)	京王杯2歳S	10000	0	-10,000
11月5日(土)	ファンタジーS	10000	0	-10,000
11月6日(日)	アルゼンチン共和国杯	10000	0	-10,000
11月6日(日)	みやこS	10000	0	-10,000
11月12日(土)	武蔵野S	10000	0	-10,000
11月12日(土)	デイリー杯2歳S	10000	0	-10,000
11月13日(日)	エリザベス女王杯	9,800	0	-9,800
11月13日(日)	福島記念	10000	0	-10,000
11月19日(土)	東スポ杯2歳S	10000	0	-10,000
11月20日(日)	マイルCS	10000	0	-10,000
11月26日(土)	京都2歳S	9,600	0	-9,600
11月27日(日)	ジャパンC	10000	0	-10,000
11月27日(日)	京阪杯	10000	0	-10,000
12月3日(土)	ステイヤーズS	9,800	0	-9,800
12月3日(土)	チャレンジC	9,600	0	-9,600
12月4日(日)	チャンピオンズC	10000	0	-10,000
12月10日(土)	中日新聞杯	9,500	0	-9,500

日付	レース名	購入金額	払戻	収支
12月11日(日)	カペラS	10000	0	-10,000
12月11日(日)	阪神JF	9,900	0	-9,900
12月17日(土)	ターコイズS	9,400	0	-9,400
12月18日(日)	朝日杯FS	10000	0	-10,000
12月24日(土)	J・中山大障害	10,000	35,000	25,000
12月24日(土)	阪神C	10000	0	-10,000
12月25日(日)	有馬記念	10000	0	-10,000
12月28日(水)	ホープフルS	10,000	249,720	239,720

2023年

1月5日(木)	中山金杯	9,900	0	-9,900
1月5日(木)	京都金杯	10,000	4,140	-5,860
1月8日(日)	シンザン記念	10,000	0	-10,000
1月9日(月)	フェアリーS	9,700	0	-9,700
1月14日(土)	愛知杯	10,000	0	-10,000
1月15日(日)	京成杯	10,000	0	-10,000
1月15日(日)	日経新春杯	9,600	0	-9,600
1月22日(日)	アメリカJCC	10,000	0	-10,000
1月22日(日)	東海S	10,000	0	-10,000
1月29日(日)	根岸S	10,000	0	-10,000
1月29日(日)	シルクロードS	10,000	0	-10,000
2月5日(日)	東京新聞杯	10,000	0	-10,000
2月5日(日)	きさらぎ賞	9,600	27,360	17,760
2月11日(土)	クイーンC	10,000	25,000	15,000
2月12日(日)	共同通信杯	10,000	0	-10,000
2月12日(日)	京都記念	10,000	8,800	-1,200
2月18日(土)	ダイヤモンドS	10,000	0	-10,000
2月18日(土)	京都牝馬S	10,000	0	-10,000
2月19日(日)	フェブラリーS	10,000	113,670	103,670
2月19日(日)	小倉大賞典	10,000	18,800	8,800
2月26日(日)	中山記念	10,000	0	-10,000
2月26日(日)	阪急杯	10,000	29,430	19,430
3月4日(土)	オーシャンS	10,000	21,400	11,400
3月4日(土)	チューリップ賞	10,000	0	-10,000
3月5日(日)	弥生賞	10,000	0	-10,000
3月11日(土)	中山牝馬S	9,900	0	-9,900
3月12日(日)	フィリーズレビュー	10,000	0	-10,000
3月12日(日)	金鯱賞	10,000	0	-10,000
	合計	2,388,500	2,752,090	363,590

回収率 115.2%

オンリーワンを見つけにいこう!!

――それぞれのレースの盲点となるポイントを考えていくということですが、過去10年のデータなどを見るんですか？

メシ馬　そうですね。まずはそこからレースの仕組みを考えます。もはや重賞においては個別の馬を見ることのほうが大事じゃないと思っています。個別の馬の評価は多くの人が発信しているので、オッズに反映されやすくなっていますからね。

――卍さんが「10個のサンプルじゃわかりません」って言って以来、過去10年データはいらないっていう人が増えた気がするんですけど、メシ馬さんはそうじゃないわけですね？

メシ馬　はい。平場の予想なら僕もサンプル数が足りないと思いますけど、**重賞においてはサンプルが少ない中でどういうファクターを見つけていくかが大事だと思っています。なぜかというと、AIにはできないことだからです。**AIは膨大な過去データに基づいて答えを出すので、今年にしか発生しないであろうオンリーワンの現象を見つけることは苦手です。サンプル0もしくは1というデータはたぶんリダクション処理してあって評価できなくなっているはずです。だからこそ、オンリーワンを見つけにいくというのがコツかなと思いますね。

――傾向もわかりやすすぎるものじゃダメなんですね。

メシ馬　そうですね。データの解釈の仕方が大事です。たとえば、ハンデ戦で斤量52kgの馬がよく馬券に絡んでいるから52kgの馬を狙おうというのは意味がないと思います。52kgの馬が良いとしたら、**なぜそうなるのかを理解しにいく。そうすることで意味があるものに変わる**と思っています。

　たとえば、ハンデ戦はまず絶対評価でトップハンデが決まって、それ以下は相対評価になります。トップハンデの馬とそれ以前のハンデ戦で戦ったことがある馬は斤量を大きく変えることができません。以前が0.5kg差だったら、今回も0.5kg差を守らないと相対評価の意味がおかしくなってくるわけです。そこからさらに、この馬とこの馬は獲得賞金が違うから明確に差をつけなければならないとか、色々な縛りが出てきます。その結果、能力差を見てこれがベストという各馬の斤量設定にはならないんです。そういう枠組みなので、巡り巡って斤量が軽い馬の中にものすごく恵まれる馬が紛れてしまうんです。

——先ほどのストーリアも、秋華賞でアートハウスと同タイムだったのに、2勝クラスの馬だから5kgも差がついたわけですね。

メシ馬　はい。ハンデ戦の本質として斤量が軽くて恵まれる馬が出現しやすいということを認識すれば、52kgじゃなくても、53kgですごく良い馬がいる可能性があるわけですよ。データの見たままではなく、そこから本質を見抜く。そういうデータの使い方が有効ですし、最近ではそうすることでしか勝てないかなとも思っていますね。

——今のはハンデ戦の例だったので斤量の話でしたけど、それ以外にもレース条件によって盲点になるポイントが変わってくるわけですよね？

メシ馬　はい。それが木曜コラムで書いている内容ですね。ジャパンCでは東京芝2400m実績がある馬に妙味はなくて、東京芝2400m実績はないけど実は向いていそうな馬に妙味があるとかですね。

——昔は東京芝2400m実績みたいなシンプルなデータでも有利になっていましたけど、SNSで誰もが情報を得ることができるようになった今では、むしろその逆を突くぐらいのほうが良いということですね。

データ分析のコツ

――データ分析のコツがあったら教えてもらえませんか？
メシ馬　まずは**集計するときに単勝50倍以上の馬を削る**ことですね。日本の競馬ファンは世界一なので信頼していいんですよ。日本の競馬ファンが単勝50倍以上にするような馬は、ほとんど勝負にならない馬だと思ってください。もちろん、レースによっては穴をあけることもありますけど、そこをデータとして取り扱おうとすると、それって次に来るのははたして何年後なの？ということになってしまいます。
――50倍以上の馬が1回走っただけで回収率が跳ね上がったりしますからね。
メシ馬　20倍未満だけ、一桁オッズだけでもいいんですよ。サンプルは少なくなってしまいますけど、そのポイントに気付く人も少なくなります。

買い目を作るときの注意点

――『マンガでわかる 勝つための競馬入門』のときのインタビューで、「荒れると思ったら徹底的に手広く、荒れないと思ったら穴馬1頭の複勝にする」とおっしゃっていましたよね。ものすごくメリハリをつけているんだなと驚きました。
メシ馬　これは僕が特殊な立場にいるというのもあります。ありがたいことにnetkeibaで予想を出し始めてからたくさんの方に予想を見ていただいているので、連勝馬券で点数を絞るとそこの買い目だけおかしくなっちゃうんですよ。そうなると、僕だけじゃなく、予想を買ってくれた方や、オンラインサロンの会員さんにも不利になります。

——確かに、ピンポイントでそこだけオッズが下がったら、何かあると思われて注目されますね。

メシ馬　なので、絞るときはワイド1点とかじゃなく複勝にしたりするんですよ。そのほうが目立たないので。

——複勝を買うときは「大荒れはなさそうだな」と思ったときですか？

メシ馬　基本的にはそうですね。もしくは危険な人気馬がいるときです。

——でも、昔はワイドを推していましたよね？

メシ馬　ワイドだと目立つという理由の他に、あの当時ほどワイドの妙味がなくなっているという理由があります。

——そうなんですか？

メシ馬　僕が競馬を始めた頃は、ワイドはなんとなくカッコ悪いというイメージがあって売れていなかったんですよ。でも、ワイドの効率の良さ、汎用性の高さが浸透した結果、ワイドのオッズがシビアになりました。それこそAIはワイドの買い目を出しやすいですからね。A馬とB馬の複勝率からワイド的中率を算出して、オッズが何倍以上なら買いというのが簡単に出せるわけです。

——実際に、競馬AIって資金配分がキモなので、点数が多くならない単勝、馬連、ワイドを使うものが多いみたいですね。

メシ馬　資金配分ができるというのは大きなメリットがありますからね。もともと僕もそう思ってワイドを買っていました。でも、今は**AIが得意なところで勝負するのではなく、3連複などで上振れを狙っていったほうがアナログで戦う人にとっては良い**かなと思っています。

——だから3連複で手広くが基本スタンスなんですね。

メシ馬　でも、これは予想家だからここまで考えているだけで、一般の方は買いたい馬だけ買ったほうがいいですよね。券種は予算との相談になりますし、極端な上振れ狙いで外し続けると精神的にもツラくなりますから。

ペースが速くなって内有利が増えている

メシ馬　上振れを狙ったほうがいいと思う理由は、最近のペースにもあります。
——どういうことですか?
メシ馬　今の若手ジョッキーって遠慮がないですよね。相手が先輩だろうが普通にガツガツ競っていくので、ペースがタイトになりやすいんです。たとえば、直近の芝1600mのレースを見ても前半4ハロンのペースが年々速くなっているんですよ(表1)。
——そうなんですね。
メシ馬　結果的に何が起こったかと言うと、内枠有利になっているんです(表2～5)。ペースが速くなって出し入れが激しくなっているからこそ、**トラック競技の本質であるインコース有利に近づいている**わけです。そういうシンプルなところに帰着しているんですよ。これはデータを調べていて気付いたわけじゃなく、実感としてあったので調べてみたら本当にそうでした。
——面白い現象ですね。
メシ馬　ハイペースになって、さらに外の馬が押し上げていく展開になると、内でタメていた馬が有利になりやすいですし、スローペースの団子状態じゃなければ内で詰まることも減りますからね。
——馬場だけじゃなく、ペースにも変化があったんですね。
メシ馬　若手騎手は一昔前のジョッキーよりもデータも取り入れていますし、鮫島克駿騎手も自分のインスタで「今日は馬場読みができていなかったです」と書いています。そういう意識があるので取りたいポジションを積極的に取りにいきます。僕が競馬を始めた頃

表1 2017~2022／3歳以上／芝1600m／良馬場／年別前半4Fタイム

クラス	前半4F					
	2017	2018	2019	2020	2021	2022
1勝クラス	47.47	47.27	47.45	47.34	47.27	47.26
2勝クラス	47.70	47.79	47.76	47.47	47.28	47.27
3勝クラス	47.90	48.10	46.96	47.28	47.23	47.30
OPEN	47.24	46.63	46.42	46.46	46.78	46.80
平均	47.58	47.40	47.27	47.20	47.17	47.19

各クラスで最も速い年　2番目に速い年　3番目に速い年

表2 2017~2022／芝･良馬場／単勝オッズ1~49.9倍／10頭立て以上／未勝利~重賞／馬番別成績

馬番	着別度数	勝率	複勝率	単回値	複回値
1番	448-381-386-2685/3900	11.5%	31.2%	92	81
2番	431-433-422-2664/3950	10.9%	32.6%	82	86
3番	395-417-377-2642/3831	10.3%	31.0%	82	82
4番	440-404-390-2666/3900	11.3%	31.6%	86	81
5番	382-408-364-2757/3911	9.8%	29.5%	70	75
6番	407-432-382-2683/3904	10.4%	31.3%	74	78
7番	407-353-438-2599/3797	10.7%	31.6%	82	81
8番	404-394-372-2656/3826	10.6%	30.6%	79	77
9番	389-420-370-2684/3863	10.1%	30.5%	70	78
10番	427-376-370-2642/3815	11.2%	30.7%	79	77
11番	369-350-313-2383/3415	10.8%	30.2%	79	79
12番	310-269-297-2158/3034	10.2%	28.9%	84	81
13番	225-253-224-1889/2591	8.7%	27.1%	78	76
14番	209-202-207-1627/2245	9.3%	27.5%	87	81
15番	157-159-133-1437/1886	8.3%	23.8%	69	67
16番	126-141-143-1166/1576	8.0%	26.0%	75	80
17番	46-47-47-481/621	7.4%	22.5%	61	66
18番	44-39-43-396/522	8.4%	24.1%	61	72

※新潟1000mは除く　86以上　81~85　69以下

表3 2017～2022／芝・良馬場／単勝オッズ1～49.9倍／10頭立て以上／未勝利～重賞／馬番1～4番／年別成績

年	着別度数	勝率	複勝率	単回値	複回値
2022年	297- 299- 256-1668/2520	11.8%	33.8%	89	86
2021年	292- 278- 256-1709/2535	11.5%	32.6%	97	87
2020年	253- 220- 233-1723/2429	10.4%	29.1%	76	77
2019年	269- 253- 264-1826/2612	10.3%	30.1%	82	79
2018年	278- 279- 274-1728/2559	10.9%	32.5%	82	83
2017年	325- 306- 292-2003/2926	11.1%	31.5%	85	82

※新潟1000mは除く　86以上　81～85

内枠の回収率が高くなっている
2021～2022年限定で見ると…

表4 2021～2022／芝・良馬場／単勝オッズ1～49.9倍／10頭立て以上／未勝利～重賞／馬番1～4番の成績

馬番	着別度数	勝率	複勝率	単回値	複回値
1番	147-127-121-868/1263	11.6%	31.3%	101	82
2番	148-164-134-840/1286	11.5%	34.7%	93	91
3番	145-148-127-825/1245	11.6%	33.7%	90	91
4番	149-138-130-844/1261	11.8%	33.1%	89	83
計	589-577-512-3377/5055	11.7%	33.2%	93	87

※新潟1000mは除く　86以上　81～85

重賞限定で見ると…

表5 2021～2022／芝・良馬場／単勝オッズ1～49.9倍／10頭立て以上／重賞／馬番1～4番／年別成績

年	着別度数	勝率	複勝率	単回値	複回値
2022年	26-29-29-179/263	9.9%	31.9%	94	91
2021年	31-29-22-175/257	12.1%	31.9%	139	94

※新潟1000mは除く　86以上　81～85

は、若手騎手は先輩を前にして動けずにスローペースばかりでしたから、変わりましたよね。
――そうですね。
メシ馬　で、面白かったのが今年の1月の中京ダートです。外を回すと勝負にならないとわかっている若手騎手が前に行った結果、先行争いが熾烈になって結局前崩れになりました。
――上振れじゃないですか（笑）。
メシ馬　そういった若手騎手の影響で、今までのセオリーじゃないパターンがどんどん増えてきているんです。
　その中でも特に際立った騎乗だなと思ったのは1月7日、中京3Rの鮫島克駿騎手（ラミアストラーダに騎乗）です。中京ダートはスパイラルカーブの影響で極端な内枠有利が通説になっている中で、1月5日の開催が外差し傾向であったことを受け、それを1日限りのイレギュラーとせず、1枠1番にもかかわらずスタート後すぐに馬を外へ誘導しました。そして、大外をぶん回して差す競馬を選択して10番人気3着と激走させたんです。セオリーではNGである騎乗を自信をもって遂行できる技量は相当なものでした。
――そういう思い切った騎乗がハマれば当然穴になりますよね。
メシ馬　このようなイレギュラーな決着は、今後増えてくるかもしれません。

コウエイオトメ

第2章

条件ごとの穴パターン

聞き手：オーパーツ・パブリッシング 編集 K3

条件ごとにオッズの歪みが出やすいポイントがある

――この章では、条件ごとに気をつけるべきパターンと着眼点について聞かせていただきたいと思います。

メシ馬　わかりました。オッズの歪みが出るポイントがわかれば、妙味のある馬が見つけやすいと思います。

GⅠ、GⅡ、GⅢ

――まずはグレードの違いについてです。『マンガでわかる 勝つための競馬入門』でも解説していただきましたが、改めてお願いします。

メシ馬　GⅢはほとんどのレースが別定戦やハンデ戦です。別定戦は年齢、性別、実績に応じて負担重量が変わり、ハンデ戦はハンデキャッパーが能力の差を埋めるためにハンデをつけているので、GⅠで好走できるような強い馬はあまり出走してきません。能力差のないメンバーで戦うことになるので、適性、展開が大事になってきます。当然、定量戦や馬齢重量戦に比べて波乱決着になる可能性が高いので、**GⅢは思い切った予想がハマることがあります。**

――GⅢは積極的に穴狙いで良さそうですね。GⅡはいかがでしょうか？

メシ馬　GⅡはGⅢに比べて定量戦と馬齢重量戦の比率が上がります。GⅠ馬が叩き台として使ってくることが多い条件なので、GⅡ攻略の鍵になるのは、GⅠ馬がどれだけ仕上げているか？を読むことです。本番を見据えて仕上げていなければ波乱の要素があるというわけです。でも、仕上げていなくてもGⅠ馬が普通に好走し、期待外れに終わることも多いので、あまり妙味はありません。

——GⅡの穴狙いは慎重にということですね。最後にGⅠはどうでしょう?

メシ馬　GⅠは能力よりも適性、展開が重要になります。GⅠレベルになるとどの馬も高い能力を持っていることは明白ですし、能力面での評価は専門紙を含めしっかりと分析されてしまっています。能力比較をしたところで、能力上位馬＝上位人気馬になりやすいので、**GⅠで穴を狙うなら適性の高い馬か展開に恵まれる馬**でしょう。

牝馬限定戦

メシ馬　牝馬限定戦の場合、体重は見ていますね。たとえば、若駒戦ならどこかで体重を大きく減らしてしまうような馬は、目先のレースは勝てても好走が続かないことがあります。競馬は大きいほうが圧倒的に有利な種目なので、**小さすぎる馬は一度強い勝ち方をしたとしても過信しないこと**ですね。

——POGの取材でも「良い馬なんですけど体が小さいので……」というコメントがよく出るように、関係者も馬体重はものすごく気にしていますよね。

メシ馬　牝馬は難しいみたいですね。だからこそ牝馬限定戦は荒れる要素があるわけですけど。

——あと、よく「この馬は牡馬相手に好走したから牝馬限定戦なら勝ち負け」と言われますけど、あれはキャッチーで注目されやすい要素ですよね?

メシ馬　そうですね。僕は気にしません。そもそもJRAの牝馬限定重賞は全部芝で、芝では牡牝の差はそれほどありませんからね。**むしろ気温のほうが大事**だと思っています。暑くなると牝馬のほうが優勢なのは生物的に不変です。牝馬が相対的に力を出しにくくなる冬に牡馬相手に好走したので評価する……という使い方は有効かもしれませんけど。
――でも、冬に牡馬相手に負けて人気を落として春に穴をあけるパターンもありそうですよね？
メシ馬　もちろんです。結局、オッズがつくならどっちも良いんです（笑）。冬場に牡馬相手に勝って昇級初戦の牝馬限定戦で人気がなかったら狙えますし、冬場に牡馬に負けたことで評価を落としていても狙えます。**強いか弱いかよりも妙味があるかどうかに行きつきます。**
――馬を見なくても勝てるという意味がよくわかる例ですね。

ハンデ戦

――これは第1章でも話題に挙がりましたね。トップハンデから決まって、他の馬が相対評価で決まっていく際に、斤量が軽いゾーンにものすごく恵まれる馬が出てくるということですよね。
メシ馬　たまに関係者もこのおいしさをわかっていないんじゃないかと思うことがあります。たとえば、2022年の小倉記念にウインリブルマン、タガノパッション、エターナルヴィテスが登録していたんですよ。トップハンデのカデナが57.5kg、カテドラルが57kgというところをスタートとすると、まったく重賞実績のなかったタガノパッションは50kg、エターナルヴィテスに至っては48kgぐらいで出られたと思います。結局、この3頭は自己条件の不知火Sに回ったんですけど（2、3、8着）、この超軽量は勝負になったと思うんですよね。
――結局、小倉記念は54kgのマリアエレーナが勝ちました。
メシ馬　マリアエレーナは前走のマーメイドSで55kgで2着でした。それなのに今回、斤量が軽くなるという現象が起きています。
――牝馬限定戦の2着だとしても、確かにおかしいですね。

2022年8月14日 小倉11R
小倉記念（GⅢ） 芝2000m良

着	馬名	斤量	位置取り	前走成績	単勝オッズ	人気
1	1 ② マリアエレーナ	54	5-4-3-2	マーメイドS(G3)2着	5.0	2
2	6 ⑫ ヒンドゥタイムズ	56.5	11-11-11-9	中日新聞杯(G3)7着	32.0	10
3	2 ④ ジェラルディーナ	54	9-9-11-9	鳴尾記念(G3)2着	3.2	1
4	7 ⑭ カテドラル	57	14-13-14-12	中京記念(G3)2着	13.7	6
5	4 ⑦ ピースオブエイト	53	5-6-8-5	ダービー(G1)18着	8.5	4
6	2 ③ ムジカ	51	5-4-6-8	博多S(3勝)2着	6.0	3
7	5 ⑩ カデナ	57.5	15-15-14-9	中京記念(G3)6着	15.7	8
8	1 ① アーデントリー	54	9-8-8-4	中京記念(G3)11着	109.9	15
9	8 ⑯ ヒュミドール	56	8-9-8-12	七夕賞(G3)5着	15.2	7
10	3 ⑤ ダブルシャープ	56	13-14-3-3	中京記念(G3)14着	36.6	11
11	3 ⑥ タガノディアマンテ	56	2-3-3-5	天皇賞春(G1)17着	10.2	5
12	6 ⑪ ショウナンバルディ	57	2-2-2-5	七夕賞(G3)11着	50.4	12
13	7 ⑬ モズナガレボシ	55	11-11-11-14	中京記念(G3)12着	78.0	13
14	5 ⑨ シフルマン	56	1-1-1-1	都大路S(L)1着	19.8	9
15	8 ⑮ スーパーフェザー	54	4-6-6-14	中京記念(G3)9着	90.1	14
取	4 ⑧ プリマヴィスタ	53		七夕賞(G3)9着		

単勝500円　複勝170円 670円 140円　枠連4,200円
馬連8,140円　ワイド2,480円 340円 2,020円
馬単13,320円　三連複6,690円　三連単49,140円

メシ馬　そのマーメイドSだってトップハンデがリアアメリア(55.5kg)でしたからね。GＩの実績を考慮していくと絶対に変な斤量になっちゃうんですよね。**トップハンデって馬を見てつけていないので、そこが絶対評価されることによってグチャグチャになるからハンデ戦は荒れるんです。**

——リアアメリアはアルテミスS1着、ローズS1着という大昔の実績を見てこの斤量になっているんですね。

メシ馬　それを考えると2走前にエリザベス女王杯で3着だったクラヴェルの55kgが軽く見えます。結果的には12着に負けましたけど。

——リアアメリアは55.5kgが嫌われて単勝39.3倍の13番人気になりました。

メシ馬　このとき「リアアメリアがトップハンデ？」と思って嫌う人と、「でも、39.3倍つくなら買えるな」と思う人に分かれると思います。

——そうですね。何か判断基準が欲しいところです。

メシ馬　**単勝の平均回収率が80%だとして勝率を出してみると良い**かもしれません。

——80÷39.3だと勝率2.04%で平均を超えますね。

メシ馬　そこから他の馬と比較していきます。たとえば、51kgで3番人気になっていたステイブルアスクは単勝6.8倍ですから、勝率11.8%ないと平均を超えません。

——リアアメリアとステイブルアスクでこんな差があるの？と思いますね。

メシ馬　それを全頭やって自分が見込んだ勝率とどれだけ乖離があるかで考えると、見え方が変わってくると思います。最後は主観になりますけど、ただオッズを眺めているよりは冷静に考えることができますよ。

2022年6月19日　阪神11R
マーメイドS（GⅢ）芝2000m良

着	馬名	斤量	位置取り	前走成績	単勝オッズ	人気
1	4 ⑦ ウインマイティー	54	3-3-3-3	メトロポリタンS(L)4着	14.6	10
2	6 ⑫ マリアエレーナ	55	5-5-5-5	京都記念(G2)8着	8.5	4
3	2 ③ ソフトフルート	54	14-14-11-8	都大路S(L)4着	6.2	1
4	8 ⑯ リアアメリア	55.5	2-2-2-2	府中牝馬S(G2)17着	39.3	13
5	2 ④ ステイブルアスク	51	15-15-14-12	シドニーT(3勝)5着	6.8	3
6	1 ② ゴルトベルク	53	6-6-5-6	中山牝馬S(G3)16着	53.7	15
7	5 ⑨ ルビーカサブランカ	55	11-11-11-12	福島牝馬S(G3)5着	9.1	5
8	7 ⑬ ハギノリュクス	52	1-1-1-1	福島牝馬S(G3)14着	41.6	14
9	3 ⑥ ヴェルトハイム	51	16-16-16-12	シドニーT(3勝)4着	9.3	6
10	1 ① スルーセブンシーズ	52	12-12-14-12	湾岸S(3勝)3着	6.7	2
11	5 ⑩ アイコンテーラー	53	6-6-7-10	新潟大賞典(G3)9着	13.9	9
12	6 ⑪ クラヴェル	55	13-13-11-10	日経新春杯(G2)8着	12.0	8
13	7 ⑭ ラヴユーライヴ	53	3-3-3-3	愛知杯(G3)12着	37.0	12
14	4 ⑧ キムケンドリーム	52	6-8-8-12	東北S(3勝)1着	79.3	16
15	3 ⑤ トウシンモンブラン	51	9-9-10-8	テレ玉杯(2勝)1着	9.7	7
16	8 ⑮ ホウオウエミーズ	53	9-9-8-6	福島牝馬S(G3)6着	32.4	11

単勝1,460円　複勝400円 280円 220円　枠連4,000円
馬連5,760円　ワイド1,650円 1,910円 1,070円
馬単12,770円　三連複17,190円　三連単116,680円

ダート戦

――ダート重賞はそれほど多くありませんけど、どこに注目すべきですか？

メシ馬　ダート重賞は芝重賞と違って強い馬を素直に評価したほうがいいですね。特に**GⅠで戦っている馬が圧倒的に強い**です。

――でも、GⅠで活躍していたらさすがに人気になるんじゃないですか？

メシ馬　活躍している馬だけじゃなく、活躍していない馬でも強いんですよ。ダートのGⅠは数が少ないわけですから、そこに出走できている馬って日本のダート界のトップ16と言っていいんです。

――芝GⅠはバリエーションがあるから分散しますけど、ダートはそうじゃないんですね。

メシ馬　じゃあ、そのトップ16の12位がトップ100ぐらいの集まりのGⅢに出てきたら、その中では1位ですよね。

――確かに。

メシ馬　**それなのに意外とオッズもつくというのがダート重賞**です。そこはシンプルにおいしいんじゃないかなと思いますね。

先日の黒船賞もすごくオッズが甘かったんですよ。勝ったシャマルはチャンピオンズC5着、2着のヘリオスはフェブラリーS7着です。それでも1番人気、4番人気ですからね。馬連も6.3倍つきました。普通に考えたら6回に1回はこの決着になりますよね。

――イグナイターが2番人気、ケイアイドリーが3番人気でしたね。

メシ馬　イグナイターは南部杯4着、JBCスプリント5着という実績がありますけど、JRAのGⅠのほうがメンバーが集まりますからね。着順はよく見えますけど、JRAのGⅠと同じように評価すべきではありません。

ケイアイドリーに至ってはなぜ売れていたのかわかりませんで

した。OP特別を連勝してきているんですけど、強い相手と戦ってのものではありません。しかも、初めての地方競馬、初めてのナイターなど色々な条件が絡むので、このオッズでは買えないですよね。ダート重賞ってこういうのが本当によく起こっているんですよ。
――ここまで「重賞は馬を見なくても勝てる」という話でしたが、「ダート重賞は馬を見ろ」ということですね。
メシ馬　「前走JRAGⅠ組が妙味！」なので、ここでも実質馬を見ていないようなものです。細かい所では流石に個別の馬の特性は見ますけどね。
――ここでひとつ疑問なんですが、フェブラリーSを勝ったレモンポップはGⅠ初挑戦でしたよね？
メシ馬　能力の裏付けがあったからです。なので、僕はレモンポップを本命にしました。
　3走前のペルセウスSを勝ったときのタイムが1分22秒7だったんですけど、秋冬季の東京ダ1400mの良馬場を1分22秒台で走った馬ってほぼGⅠで足りてるんですよ。具体的に言うと、ヘリオス、スリーグランド、モズアスコット、コパノキッキングなんですけど、ヘリオスは南部杯2着、モズアスコットはフェブラリーS1着、コパノキッキングはJBCスプリント2着があります。レモンポップは早めに1頭抜け出して悠々とそのタイムを出したので、間違いなくGⅠで足りるだろうなと思ったんです。
――穴狙いのメシ馬さんが単勝1.4倍の馬を本命にするとは思いませんでした。
メシ馬　**ダート重賞はそれくらい能力重視のほうが良い**ということです。相手を3番人気レッドルゼルにし、3番手評価にした4番人気メイショウハリオを3着固定としたこと、そして2番人気のドライスタウトを完全に消したことで妙味を出したわけで、結果的にレモンポップ自体には何の妙味もありませんでした。

メシ馬の予想

11R フェブラリーS GI

2月19日(日) 15:40 東京 ダ1600m

予想印

◎	7	レモンポップ (1人気)
○	15	レッドルゼル (3人気)
▲	6	メイショウハリオ (4人気)
△	9	ショウナンナデシコ (7人気)
△	11	ソリストサンダー (9人気)
△	12	セキフウ (11人気)

【ご注意】予想の転載はお控えください

レース結果

着順	印	馬番	馬名	人気(単勝オッズ)
1	◎	7	レモンポップ	1人気(2.2倍)
2	○	15	レッドルゼル	3人気(9倍)
3	▲	6	メイショウハリオ	4人気(10.7倍)

もっとみる ›

買い目

券種・買い目	組み合わせ・点数
馬連 (通常)	7 ー 15 5,600円 払い戻し：5,600円x9.7倍=54,320円 的中
3連複 (2軸流し)	軸1：7 軸2：15 相手：6 9 11 12 4通り 各500円 払い戻し 6-7-15：500円x26.3倍=13,150円 的中
3連単 (フォーメーション)	1着：7 15 2着：7 15 3着：6 2通り 各600円 払い戻し 7-15-6：600円x77.0倍=46,200円 的中
3連単 (フォーメーション)	1着：7 15 2着：7 15 3着：9 11 12 6通り 各200円
合計	10,000円

払い戻し・収支

払い戻し金額	収支
113,670円	+103,670円

穴狙いというスタンスである以上、人気馬を本命にするための根拠をきちんと提示する形にしましたが、結果的に細かい分析をしたとて、妙味はレモンポップではなくレッドルゼルにあったわけです。結果的に1番人気レモンポップは長期で見たら回収率85%～90%の馬、そして2番人気のドライスタウトは内枠で明らかに危険な馬……となれば、期待値は必然的に他の馬、順序的には3番人気、4番人気の馬に流れやすいわけです。そこでもちろん個別の馬の特徴も見て最終判断はしますが、2番人気馬が失っているぶんの期待値を3、4番人気の馬を筆頭にそのほかの馬が享受できることを考えれば、以下のように考えられます。

2番人気馬の複勝率が55%、3番人気馬の複勝率が45%・複勝回収率が85%（複平均オッズ：1.89）だったとして、2番人気が危険＝複勝率30%と仮定した際には、2番人気馬が損失している複勝率は55%－30%=25%。その25%を他の馬の好走率に分散した際に3番人気馬へ流れるパーセンテージは25%のうちの45%（本来の複勝率）、つまり11.25%となります。

先ほどの3番人気馬の複勝率45%・複勝回収率85%（複平均オッズ：1.89）に、11.25%を加味すると、1.89（複平均オッズ）×56.25%（45%+11.25%）=106.3となります。

同じように4番人気馬も考えると、複勝率が33%・複勝回収率が85%（複平均オッズ：2.58）。2番人気馬の失った25%のうち33%=8.25%が分散されることを考えれば、最終的には2.58×41.25=106.4となります。

もちろん、正確には1頭1頭への分配される割合は違うので必ずしもこのようになるわけではないですが、期待値が流れているということや、冒頭から言っている馬を見なくても勝てる可能性があるということが理解できると思います。

前哨戦と本番

――重賞でも前哨戦と本番では意味合いが違うと思うんですが、気にしていることがあれば教えてください。

メシ馬　今はみんなが前哨戦を使ってから本番という時代ではなくなっていて、クラシックですらぶっつけでGＩというパターンが多くなっています。本当に強い馬ほど前哨戦を使わないので、そうなると前哨戦のレベルが下がって大混戦になります。

――馬券的な狙い方は変わりましたか？

メシ馬　**賞金的に余裕を持っていない馬のほうが狙い目**だと思っています。順調さを欠いてキャリアは浅いけど能力はそこそこ高いという馬ですね。たとえば、パルクリチュードは、ダートで新馬勝ちして2戦目の紅梅S（L）で4着の後、フラワーCで3着に来ました。今の前哨戦はこういう馬でも足りるということを意識しておかないといけないんです。

――そうなると前哨戦の好走馬は、本番ではあまり信用できなくなりますね。

メシ馬　そうですね。本当に強い馬は前哨戦を使わないので、あまり直結しなくなるんじゃないかと思っています。**あくまでも前哨戦は前哨戦、本番は本番と考えるべき**だと思います。

本番に関しても一戦一戦取りにいっているという印象が強いので、連続好走を期待して本命にすることはほとんどありません。

長距離戦

メシ馬　長距離戦は馬を見ないことをより意識していますね。結局、誰も3000m超の適性なんて正確にはわからないんですよ。人間の予測できる範疇を超えているし、AIを使ったとしてもサンプルが不足しているので、正確には予測できないと思っています。
何かヒントがないかと2400mの成績を見たりするんですけど、参考にするほど数が多くありません。じゃあ、2600mを見ようと思ってもそれはローカルで小回りだし、馬場が重いかもしれないし、メンバーレベルもどうなの？となります。結局、合っているかどうかわからないけど、一応わかったような気になって予想するのでオッズがおかしくなるんです。だからこそ、**長距離戦は馬を見ずにオッズで買うというのがおいしいし、それが正解**だと思っています。
――どんな理屈をつけてもこじつけに近いなら、同じような可能性を持った馬の中からオッズの高い馬を選べばいいんですね。
メシ馬　そうです。どこかに必ずブレが生じるはずですから。特に面白いのは天皇賞春で、みんなが捻りすぎた結果、普通に走りそうな馬のオッズが甘くなっているんです。
――普通に走りそうな馬ってどういう意味ですか？
メシ馬　こんな条件に該当している馬です。

- **前走5着以内に入っている**
- **今回ある程度の人気に推されている**
- **普通の馬体重（大きくも小さくもない）**
- **外枠すぎない（1～6枠）**

――長距離適性を真剣に考えすぎた結果、逆転現象が起きているんですね（笑）。
メシ馬　ほかにも、面白い現象があります。3000m超の重賞（単勝オッズ1～49.9倍）において、直近の10年（2013～2022年）では前走1、2番人気馬の複勝回収率が106％あります。ハンデ戦で斤量差という別の大きなファクターが与えられるダイヤモンドSを除けば複勝回収率は108％あり、2013年からの10年間のうち実に7度は複勝回収率が100%を超えます。

特に競馬界のSNSの進歩が進んだ2017年以降においては傾向は加速しており、前走1、2番人気馬の複勝回収率は118%と恒常的に勝てるファクターになっていることがわかります。これも馬の個性を考えるのではなく、盲点を突くひとつの手段と言えるでしょう。

この前走人気している馬という考え方がなぜ通用するのかというと、日本の競馬ファンは世界一優秀であって、人気通りにきちんと勝率〜複勝率まで並ぶという点、つまり競馬ファンによる順位付けの正しさを利用したものだからです。

2歳戦

メシ馬　2歳重賞のポイントは3つあると思っています。ひとつはペース適性。ペースが上がったときに対応できるかどうかです。2つめは馬群で競馬をしたことがあるかどうか。3つめは差せるかどうかです。

2歳戦って逃げて勝つ馬が多いわけです。逃げれば揉まれないし、前の馬を追いかけなくていいし、道中のペースも自分で緩められます。そういう競馬でポンポンと勝ってきた馬が集まって競馬をすると、**自ずと速いペースの中で馬群に入れられて差す競馬ができる馬が有利になります。**頭数が増えればなおさらですね。

これはずっと不変だと思います。オッズ的にバレなければ永遠にその馬を狙えばいいんじゃないかなと思っています。

オッズの歪みを見つけるための着眼点

――ここまではレース条件について解説していただきました。ここからは着眼点について解説してほしいと思います。メシ馬さんが予想するときにどういうところを見ているのか、詳しく聞かせてください。

前走クラス

――前走も重賞を走っていた馬と昇級初戦の馬がいますけど、どう評価すべきですか？

メシ馬　**初重賞組が狙えるかどうかは**レースによって変わりますね。それは**時期や番組の作られ方で決まります。**ＧⅠを目指せる馬がＧⅠの前に出走してくるレースは、当たり前ですけど条件戦やオープン特別から来た馬が通用しづらくなります。反対に夏は、夏競馬で使い倒して秋に休む気満々の馬が多いので、初重賞組のつけ入る隙があります。言われてみれば当たり前なんですけど、そこまで意識している人は多くないと思います。

――勝ち上がってきた馬は常に注目されるけど、相手関係をよく見たほうがいいということですね。

メシ馬　16頭のうち3頭しか馬券に絡まないと考えると、強い馬が何頭かいるだけで乗り越えるハードルの高さが全然違います。

――初重賞組が過剰人気していれば、他の馬に妙味が生まれますね。

メシ馬　あとは、2、3歳戦は初重賞組が穴になることがあります。古馬のレースだと前走重賞組も実績のある馬ばかりなのでなかなかひっくり返りませんけど、若駒のときはたまたま2歳オープンを勝って賞金を加算している馬もいるので、1勝クラスからきた馬のほうが強いということが起きやすいと思います。

血　統

――血統に注目することはありますか？

メシ馬　はい。血統が影響しやすいレースでは、血統に注目します。典型的なのはオークスですよね。そこまでの牝馬GⅠは1600mの阪神JF、桜花賞なので、スタミナはあるけど前半のスピードがない馬が目指す路線がなくて、オークスで穴になりやすいんです。

　牡馬の場合は、ホープフルS→皐月賞→ダービーという路線が作られているので、突然スタミナが求められるような仕組みになっていません。朝日杯FSに出てくる馬も血統、気性込みで早期からマイルを目指しているタイプが多いので馬券的には堅くなります。

――これも番組が馬券に影響する例ですね。

メシ馬　あと、**血統に関しては多様化しているというのが非常に大きいと思っています。**現3歳世代はノーザンファーム生産馬が例年に比べて不振ですけど、何が違うかというと血統ですよね。ディープインパクトとキングカメハメハの時代が終わったことで、日高の馬が盛り返しています。血統は競馬全体に大きく影響を与えるので、今後どういう流れになるかしっかり見ておきたいですね。

状態面

――状態面を見ることはありますか？

メシ馬　個々の馬の状態面はSNSでも話題になりやすいのでそれほど気にしません。**それよりは輸送の影響を考えたりしますね。**

――最近、あまり輸送の問題って注目されませんよね。以前は栗東留学が大きく取り上げられるくらい大きな問題だったのに、馬の体調管理の技術が上がっているので気にしなくなっていたのかもしれません。

メシ馬　もし注目する人が少ないなら馬券には使えますよね。
――どういうふうに使うんですか？
メシ馬　たとえば、エリザベス女王杯って前走関東のレースを使った関西馬がよく走るんですよ。こじつけっぽくて僕のキャラじゃないですけど（笑）、これで2021年のエリザベス女王杯を当てました（3連複28万2710円）。
――確かに、アカイイト（10番人気1着）がそうですね。
メシ馬　週中のコラムではアカイイトを推奨し、最終的に◎はアカイイトではなかったんですけど理屈は同じです（※経緯は第3章で解説）。
――どういう理屈だったんですか？
メシ馬　前走の関東への輸送は牝馬にとってはマイナスなので、能力の100％を出し切れていない可能性が高いんです。それでもそれなりに走って関西圏のエリザベス女王杯に出走できた馬は能力に対してオッズがつきやすいということです。多くの人は関西馬が関東重賞で見せた70％の能力を見て、このくらいの強さの馬だよな……という見積もりをするので、関西圏で90～100％を出せたときに誤算が生じるわけです。それがオッズに反映されておいしくなるというのが毎年のパターンです。反対に、関東馬が関西へ輸送するパターンにおいてはその逆の現象が起こります。関東馬が関東重賞で見せた90～100％の能力を見て、このくらいの強さの馬だよな……という見積もりをするんですけど、関西圏で70％しか出せなかったときに強かったはずの馬が負けるという誤算が生じるわけです。
――それを聞いてからアカイイトの戦績を見ると、関東圏は［0-1-0-7］ですから輸送が苦手だったように見えますね。
メシ馬　牝馬は特に影響が大きいですからね。2013年以降の重賞における単勝オッズ1～9.9倍の人気馬において、関東馬・牝馬は

表1のような成績になっています。

表1 2013~2023.3.12／芝・ダート重賞／関東馬／牝馬／単勝オッズ1~9.9倍

場所	着別度数	勝率	連対率	複勝率	単回値	複回値
東開催	71-63-39-207/380	18.7%	35.3%	45.5%	96	86
西開催	22-20-13-100/155	14.2%	27.1%	35.5%	59	59

関西で行われる重賞において、関東馬・牝馬はかなり厳しいと言わざるを得ませんよね。

西高東低

——かつて西高東低と言われて関西馬が強いというのが常識でしたが、今はどう考えればいいですか？

メシ馬　直近の結果を見ると、実力的な差は縮まってきていますよね。ただ、**関東圏の競馬場、関西圏の競馬場の特色を見ると、関西馬のほうがどう考えても有利になります**よね。関西には阪神、京都、中京があって、新潟だって栗東からのほうが輸送が楽です。一方で、関東は福島と中山は小回り＆右回りでちょっと特殊なので、たとえば、ダービーを見据えて中山、福島を使いたくないと思うと、ほぼ東京オンリーでやっているようなものです。その結果、グレートマジシャンやドゥラドーレスのように才能があってもローテーションに悩む馬が出てきます。どちらの馬も賞金の関係から、初輸送で阪神競馬場の毎日杯（GⅢ）を使いましたが、しっかりと賞金を積みたい、積まなければダービーで出走できないという側面と、賞金が欲しいとはいえきっちり仕上げてダービーの頃には余裕なしという状況は避けてダービーへ向けておつりを残したいという側面の板挟みになった結果、両者ともに二兎を追う者は一兎をも得ずという結果になってしまっています。

そう考えると、関西馬のほうが計画的に賞金加算しやすいんです。賞金を稼げれば使いたい前哨戦を使えるので調整しやすいですからね。そのあたりの順調さというのが結果的に重賞に響いてくるのかなと思いますね。

コース傾向とトラックバイアス

――コース傾向やトラックバイアスを見る際に気をつけるべき点はありますか？

メシ馬　**天気の仕組みは理解したほうがいい**かもしれないですね。たとえば、高松宮記念の馬場がなぜ毎年重くなるのかっていうのを理解しておかないといけません。

――なぜですか？

メシ馬　寒暖差が激しい季節だからです。気流が乱れて雨が降るんですよ。芝の状態とかじゃなくて、そういう季節なんです。よくスプリンターズSと比較されますけど、スプリンターズSのほうが時計が速くなりますよね。スプリンターズSは夏の終わり、高松宮記念は春の不安定なときにやるので当然そうなります。それなら全然違う馬が来てもおかしくないよね？という切り口でいくべきなんですよ。

――2つのレースの結果を見ると、実際にそんな感じがしますね。

メシ馬　高松宮記念はスプリンターズSで好走した馬や1～5番人気に推されていた馬がほとんど来ませんよね。だから大荒れになります。この仕組みを理解して「じゃあ、大穴から手広くいってみようかな」という考えになれれば今年の高松宮記念（3連複8万1180円）だって当たったかもしれません。僕は1～3着馬を相手では買っていましたけど、ロータスランドからだったので外れましたが（苦笑）。

スプリンターズSと高松宮記念の1～3着馬

2022年 スプリンターズS 良

着	馬名	走破タイム	人気
1	1②ジャンダルム	1.07.8	8
2	4⑦ウインマーベル	1.07.8	7
3	3⑥ナランフレグ	1.08.0	5

2023年 高松宮記念 不良

着	馬名	走破タイム	人気
1	7⑬ファストフォース	1.11.5	12
2	7⑮ナムラクレア	1.11.6	2
3	1①トゥラヴェスーラ	1.11.7	13

2021年 スプリンターズS 良

着	馬名	走破タイム	人気
1	2④ピクシーナイト	1.07.1	3
2	6⑫レシステンシア	1.07.4	2
3	1①シヴァージ	1.07.4	10

2022年 高松宮記念 重

着	馬名	走破タイム	人気
1	1②ナランフレグ	1.08.3	8
2	5⑨ロータスランド	1.08.3	5
3	5⑩キルロード	1.08.3	17

2020年 スプリンターズS 良

着	馬名	走破タイム	人気
1	5⑩グランアレグリア	1.08.3	1
2	2③ダノンスマッシュ	1.08.6	3
3	8⑯アウィルアウェイ	1.08.7	10

2021年 高松宮記念 重

着	馬名	走破タイム	人気
1	7⑭ダノンスマッシュ	1.09.2	2
2	8⑯レシステンシア	1.09.2	1
3	5⑨インディチャンプ	1.09.3	3

2019年 スプリンターズS 良

着	馬名	走破タイム	人気
1	4⑧タワーオブロンドン	1.07.1	2
2	4⑦モズスーパーフレア	1.07.2	3
3	1②ダノンスマッシュ	1.07.2	1

2020年 高松宮記念 重

着	馬名	走破タイム	人気
1	8⑯モズスーパーフレア	1.08.7	9
2	4⑧グランアレグリア	1.08.7	2
3	2③ダイアトニック	1.08.7	4

2018年 スプリンターズS 稍重

着	馬名	走破タイム	人気
1	4⑧ファインニードル	1.08.3	1
2	5⑨ラブカンプー	1.08.3	11
3	1①ラインスピリット	1.08.4	13

2019年 高松宮記念 良

着	馬名	走破タイム	人気
1	2③ミスターメロディ	1.07.3	3
2	2④セイウンコウセイ	1.07.4	12
3	4⑦ショウナンアンセム	1.07.4	17

——過去10年データを見るときも天気を意識して見たほうがいいですよね？

メシ馬　はい。雨の多い時期は良、稍重、重の中でもかなり馬場に差があるというのを理解して見たほうがいいと思いますね。それが頭に入っていればトラックバイアスを見るときにもアタリをつけやすくなります。馬場が速かったらこういう馬が来るし、遅くなったらこういう馬が来るという分析をしたほうが目標を立てやすくなります。

世　代

——毎年6月になると3歳馬が古馬と戦うわけですけど、3歳馬狙いは意識していますか？

メシ馬　夏場のダートは圧倒的に3歳馬有利になりますよね。やっぱり1年間そのクラスを抜けられなかった馬が集まっているところに、まだキャリアが浅い3歳馬が入ってくるわけですから。ただ、**重賞で言うと年末のほうが影響が大きい**と思っています。

——年末ですか？

メシ馬　第3章でも書いたんですけど、天皇賞秋、ジャパンC、有馬記念だと、斤量的に有馬記念が最も3歳馬有利になりやすいんですよ。しかも、こちらが思っている以上に3歳馬の力が伸びている時期なので、そこにオッズの乖離がだいぶできてきます。

——昨年の有馬記念は3歳馬のワンツーでしたもんね。

メシ馬　僕はジャスティンパレスにしちゃったんですけどね（苦笑）。その反省点については第3章を読んでください。

過去の実績

――第1章でジャパンCと東京芝2400m実績の関係の話が出ましたけど、過去の実績で売れすぎるというのはよくあるんですよね？

メシ馬　そのパターンは往々にしてありますね。直球だとバレるので、**今はワンクッション挟んで本質に合う馬を選ぶのが良い**んじゃないかと思います。

――具体的に言うと？

メシ馬　阪神芝2200mで好走歴があるから阪神芝2200mで買えるという考え方ではなく、「阪神芝2200mではロングスパートできる馬が合っているんじゃないの？」→「じゃあ、ロングスパートになりやすい他のコースで好走歴がある馬がいいんじゃないの？」と紐づけたほうがいいですね。

――わかりやすいのはバレる。でも、たまにわかりやすいのにバレていないレースもあるから面白いですね。

メシ馬　色々なパターンがありますけど、大きく分けたらこの2つです。

- **キャッチーな馬が過剰に売れているパターン**
- **普通に強い馬のオッズが甘くなっているパターン**

この視点から個々のレースのポイントを探していけばいいんです。ピンとこない方もいるかもしれませんけど、第3章ではnetkeibaの木曜コラムから予想に落とし込むまでの過程を解説しているので、そちらを読んでいただければ理解していただけると思います。

第3章

盲点探しから
予想までの思考過程

重賞穴パターン 01

牝馬限定・ハンデ戦

愛知杯（GⅢ）

SAMPLE RACE①

2022年1月15日　中京11R　芝2000m良

馬名	性齢	斤量	単勝	人気	前走
1 ① ルビーカサブランカ	牝5	52	12.7	7	12/12 オリオンS（3勝）・4人1着
1 ② マジックキャッスル	牝5	56	7.6	4	10/16 府中牝馬S（G2）・1人15着
2 ③ ウインアグライア	牝4	51	149	16	12/19 ディセンバーS（L）・10人12着
2 ④ マリアエレーナ	牝4	53	7	3	10/24 新潟牝馬S（OP）・1人1着
3 ⑤ クールキャット	牝4	53	58.2	14	10/17 秋華賞（G1）・13人15着
3 ⑥ アンドヴァラナウト	牝4	55	2.9	1	10/17 秋華賞（G1）・3人3着
4 ⑦ スライリー	牝4	52	42.2	12	11/27 キャピタルS（L）・7人9着
4 ⑧ アイコンテーラー	牝4	51	27.9	9	10/3　魚沼S（3勝）・1人1着
5 ⑨ ソフトフルート	牝5	53	6.3	2	11/14 エリザベス女王杯（G1）・11人4着
5 ⑩ アナザーリリック	牝4	53	10.5	5	10/17 秋華賞（G1）・8人7着
6 ⑪ カセドラルベル	牝6	52	146.5	15	10/24 新潟牝馬S（OP）・5人5着
6 ⑫ デゼル	牝5	55.5	10.7	6	11/14 エリザベス女王杯（G1）・8人8着
7 ⑬ ラヴユーライヴ	牝5	52	36.5	10	11/28 立雲峡S（3勝）・2人1着
7 ⑭ ホウオウエミーズ	牝5	51	52.3	13	12/12 常総S（3勝）・1人2着
8 ⑮ シゲルピンクダイヤ	牝6	54	21.5	8	12/11 中日新聞杯（G3）・10人3着
8 ⑯ ラルナブリラーレ	牝5	52	37	11	11/14 ユートピアS（3勝）・3人1着

は特殊なレース

週中の見解（netkeiba.comのコラムより）

牝馬限定のハンデ戦で人気馬を買うのは損？

リスグラシュー然り、クロノジェネシス然り、タフな馬場に適性にある牝馬は名牝であるというのが持論。これは小回りコースやタフ馬場で行われる中距離ＧⅠは有馬記念・秋華賞といったレースが該当するように、芝がタフになりやすい開催後半に行われることが多いという点が根底にある。

必然的に牝馬が苦手な条件が揃っているからこそ、そこで強い競馬をできる馬は能力が相当上にある（軽い馬場で実施される小回りコース・大阪杯が新設されたが、芝が軽いわけなので牝馬の得意舞台。よって一昨年は牝馬でワンツー決着）。

前述の2重賞と比較するとグレードは下がるが、開催も進み3日間開催もあり、流石に馬場は悪化してくるであろう今、単純な小回りでタフな馬場と違い、直線も長く坂のある中京でのハンデ戦というかなり特殊な条件が重なれば今回のレースも波乱があって良いだろう。

また、そもそも**【牝馬限定重賞】【ハンデ戦】においては人気馬を買うだけ損になりやすい。**通常であれば複勝率45％・複勝回収率も85％あたりに収束する単勝1～9.9倍のゾーンの人気馬であっても牝馬限定ハンデ戦になると複勝率30％・複勝回収率に至っては63％しかないことになる。反対に、単勝オッズ10～49.9倍の範囲の馬の成績については単119％複105％とかなり優秀。この言われれば単純明快な傾向を頭に入れておくだけでも、牝馬限定のハンデ戦の戦い方が少しは見えてくるはずです。

表1 2011～／芝重賞／牝馬限定／ハンデ戦／オッズ別成績

単勝オッズ	着別度数	勝率	連対率	複勝率	単回値	複回値
1.0～1.9	0-0-0-1/1	0%	0%	0%	0	0
2.0～2.9	2-2-2-3/9	22.2%	44.4%	66.7%	57	94
3.0～3.9	1-2-0-8/11	9.1%	27.3%	27.3%	30	41
4.0～4.9	3-2-4-20/29	10.3%	17.2%	31.0%	46	54
5.0～6.9	7-8-1-40/56	12.5%	26.8%	28.6%	72	62
7.0～9.9	5-3-9-50/67	7.5%	11.9%	25.4%	65	69
10.0～14.9	11-9-7-62/89	12.4%	22.5%	30.3%	154	115
15.0～19.9	4-1-1-48/54	7.4%	9.3%	11.1%	129	58
20.0～29.9	4-6-5-70/85	4.7%	11.8%	17.6%	105	116
30.0～49.9	2-3-6-73/84	2.4%	6.0%	13.1%	89	115
50.0～99.9	0-3-2-74/79	0%	3.8%	6.3%	0	87
100.0～	0-1-1-47/49	0%	2.0%	4.1%	0	71
1.0～9.9	18-17-16-122/173	10.4%	20.2%	29.5%	61	63
10.0～49.9	21-19-19-253/312	6.7%	12.8%	18.9%	119	105
50.0～	0-4-3-121/128	0%	3.1%	5.5%	0	81

集計期間：2011年1月～2022年1月10日

表1はオッズソートで該当馬全ての成績なので、もう少しマクロの視点でフォーカスしていく。単勝1～9.9倍の人気馬における前走のクラスと今走の斤量の成績は表2、表3のようになる。

「牝馬は勢い」とよく言われ、斤量も軽いことが多いことから3勝クラス勝ちあたりの馬が売れるものの実際の能力差は斤量や勢いで馬券購入者側の期待ほどおおきく覆るものではないことがよく分かる結果になっている。

前走GⅠに出走していた馬の中で今走単勝1～9.9倍と人気している馬については成績が悪いが、これは馬券購入者側が勝手に人気にしているだけ。それらの馬の斤量別の成績を見れば（表4）、きっちりハンデを背負っている（＝実績がある）馬についてはしっかり

表2 2011～／芝重賞／牝馬限定／ハンデ戦／単勝オッズ1～9.9倍／前走クラス別成績

前走クラス	着別度数	勝率	連対率	複勝率	単回値	複回値
2勝C	1-0-1-5/7	14.3%	14.3%	28.6%	32	55
3勝C	2-4-2-32/40	5.0%	15.0%	20.0%	20	42
OPEN非L	2-1-1-5/9	22.2%	33.3%	44.4%	154	95
OPEN(L)	1-1-0-4/6	16.7%	33.3%	33.3%	80	76
GⅢ	3-7-4-31/45	6.7%	22.2%	31.1%	51	70
GⅡ	3-1-4-9/17	17.6%	23.5%	47.1%	99	114
GI	6-3-4-35/48	12.5%	18.8%	27.1%	77	53

表3 2011～／芝重賞／牝馬限定／ハンデ戦／単勝オッズ1～9.9倍／斤量別成績

斤量	着別度数	勝率	連対率	複勝率	単回値	複回値
～49kg	0-0-0-1/1	0%	0%	0%	0	0
49.5～51kg	0-1-0-6/7	0%	14.3%	14.3%	0	48
51.5～53kg	7-5-5-39/56	12.5%	21.4%	30.4%	70	66
53.5～55kg	7-7-6-58/78	9.0%	17.9%	25.6%	53	54
55.5～57kg	4-4-5-18/31	12.9%	25.8%	41.9%	80	87

表4 2011～／芝重賞／牝馬限定／ハンデ戦／単勝オッズ1～9.9倍／前走GI／斤量別成績

斤量	着別度数	勝率	連対率	複勝率	単回値	複回値
～49kg	0-0-0-1/1	0%	0%	0%	0	0
49.5～51kg	0-0-0-1/1	0%	0%	0%	0	0
51.5～53kg	0-0-0-4/4	0%	0%	0%	0	0
53.5～55kg	2-1-2-22/27	7.4%	11.1%	18.5%	45	32
55.5～57kg	4-2-2-7/15	26.7%	40.0%	53.3%	166	113

と好走している反面、**「GIに出走していたのに、ハンデ戦のGⅡ・GⅢで斤量も軽い！」と買いやすい罠のような馬たちが全体の成績を下げている**ことになる。

表5 2011～／芝重賞／牝馬限定／ハンデ戦／単勝オッズ1～9.9倍／前走1着 単勝オッズ別成績

単勝オッズ	着別度数	勝率	連対率	複勝率	単回値	複回値
2.0～2.9	1-1-0-1/3	33.3%	66.7%	66.7%	76	96
3.0～3.9	0-1-0-2/3	0%	33.3%	33.3%	0	53
4.0～4.9	0-1-0-5/6	0%	16.7%	16.7%	0	28
5.0～6.9	0-0-0-11/11	0%	0%	0%	0	0
7.0～9.9	0-0-3-15/18	0%	0%	16.7%	0	41

また、**前走で勝っている馬の成績が悪いことも牝馬限定・ハンデ戦の特徴**だろう（表5）。

本コラム末にこの条件に該当する馬の一覧を載せておきますが（表7）、とにかくこれらの馬は好走しないのが特徴で、全体で単回収率5%・複勝回収率33%はとても単勝1～9.9倍に推される馬のものとは思えない結果でしょう。

最後に単勝10～49.9倍の範囲の穴馬についての年別成績を紹介します（表6）。

表6 2011～／芝重賞／牝馬限定／ハンデ戦／単勝オッズ10～49.9倍／年別成績

年	着別度数	勝率	連対率	複勝率	単回値	複回値
2021年	2-2-4-23/31	6.5%	12.9%	25.8%	101	113
2020年	2-1-2-28/33	6.1%	9.1%	15.2%	119	83
2019年	3-1-2-27/33	9.1%	12.1%	18.2%	171	101
2018年	2-3-1-24/30	6.7%	16.7%	20.0%	95	103
2017年	2-1-3-20/26	7.7%	11.5%	23.1%	96	100
2016年	2-3-0-28/33	6.1%	15.2%	15.2%	99	69
2015年	2-0-2-20/24	8.3%	8.3%	16.7%	160	112
2014年	0-1-1-26/28	0%	3.6%	7.1%	0	46
2013年	3-2-1-18/24	12.5%	20.8%	25.0%	286	202
2012年	2-3-2-20/27	7.4%	18.5%	25.9%	119	144
2011年	1-2-1-19/23	4.3%	13.0%	17.4%	84	113

牝馬限定・ハンデ戦は特殊なレース

牝馬限定・ハンデ戦の単勝オッズ10 ～ 49.9倍の範囲の馬を全て買うだけで2011年以降過去11回の中で8回複勝でプラス収支を計上できるという驚きの結果になっています。

なにも一発大穴が結果を残しているわけではなく、毎年の出来事なのです。ここからさらにさまざまなファクターを駆使してより有力な馬を見つけることができれば、おのずと牝馬限定のハンデ戦が稼ぎやすい条件であるということに気づくことでしょう。

表7 2011～／芝重賞／牝馬限定／ハンデ戦／単勝オッズ1～9.9倍／前走1着馬一覧

年	レース名	馬名	人	着
'21年	マーメイドS	ソフトフルート	1	8
	中山牝馬S	ドナアトラエンテ	1	9
	愛知杯	レッドアステル	5	12
'20年	ターコイズS	インターミッション	5	6
	ターコイズS	ランブリングアレー	2	7
	ターコイズS	ドナウデルタ	4	10
	マーメイドS	ミスマンマミーア	5	9
	中山牝馬S	コントラチェック	2	16
'19年	ターコイズS	エスポワール	2	2
	ターコイズS	トロワゼトワル	4	16
	マーメイドS	センテリュオ	1	4
	マーメイドS	モーヴサファイア	2	6
	マーメイドS	ダンサール	4	11
	愛知杯	ランドネ	4	3
	愛知杯	ウラヌスチャーム	3	4
'18年	ターコイズS	ディメンシオン	3	5
	ターコイズS	フローレスマジック	2	11
	マーメイドS	キンショーユキヒメ	3	7
	中山牝馬S	エテルナミノル	5	10
	愛知杯	メイズオブオナー	5	5

年	レース名	馬名	人	着
'17年	マーメイドS	アースライズ	6	3
	中山牝馬S	マジックタイム	1	2
	中山牝馬S	フロンテアクイーン	4	8
	愛知杯	クリノラホール	3	7
'16年	マーメイドS	ナムラアン	4	9
	愛知杯	アースライズ	4	3
	愛知杯	マキシマムドパリ	2	4
	愛知杯	ハピネスダンサー	3	13
'15年	ターコイズS	レッドセシリア	4	4
	マーメイドS	マリアライト	1	2
'14年	マーメイドS	アイスフォーリス	3	4
	中山牝馬S	ノーブルジュエリー	5	5
	中山牝馬S	エクセラントカーヴ	2	9
'13年	愛知杯	ゴールデンナンバー	3	13
'12年	マーメイドS	グルヴェイグ	1	1
	マーメイドS	シースナイプ	3	4
	マーメイドS	スマートシルエット	2	14
	中山牝馬S	アカンサス	3	8
	中山牝馬S	アプリコットフィズ	1	8
	中山牝馬S	ドナウブルー	4	11
'11年	マーメイドS	アスカトップレディ	1	7

週末の予想（ウマい馬券での印・買い目）

メシ馬の予想

11R 愛知杯 GIII

1月15日(土) 15:35 中京 芝2000m

予想印

印	馬番	馬名
◎	1	ルビーカサブランカ (7人気)
○	7	スライリー (12人気)
▲	8	アイコンテーラー (9人気)
△	4	マリアエレーナ (3人気)
△	6	アンドヴァラナウト (1人気)
△	10	アナザーリリック (5人気)
△	12	デゼル (6人気)
△	13	ラヴユーライヴ (10人気)
△	14	ホウオウエミーズ (13人気)
△	15	シゲルピンクダイヤ (8人気)
△	16	ラルナブリラーレ (11人気)

【ご注意】予想の転載はお控えください

買い目

券種・買い目	組み合わせ・点数
3連複（フォーメーション）	馬1：1 馬2：7 8 10 12 13 14 16 馬3：4 6 7 8 10 12 13 14 15 16 44通り 各100円 払い戻し 1-4-12：100円x215.4倍=21,540円 的中
3連複（フォーメーション）	馬1：7 馬2：8 10 12 13 14 15 16 馬3：4 6 8 10 12 13 14 15 16 35通り 各100円
3連複（フォーメーション）	馬1：8 馬2：10 13 14 15 16 馬3：4 6 10 13 14 15 16 20通り 各100円
合計	9,900円

レース結果

着順	印	馬番	馬名	人気(単勝オッズ)
1	◎	1	ルビーカサブランカ	7人気(12.7倍)
2	△	4	マリアエレーナ	3人気(7倍)
3	△	12	デゼル	6人気(10.7倍)

もっとみる ›

払い戻し・収支

払い戻し金額	収支
21,540円	+11,640円

予想までの経緯や買い目の工夫について

単勝オッズ10〜49.9倍からの絞り込み

コラムで取り上げた「牝馬限定・ハンデ戦の単勝オッズ10〜49.9倍の範囲の馬を全て買うだけで、2011年以降過去11回の中で8回複勝でプラス収支を計上できる」という最も広い範囲でのファクターに重きを置き該当馬を絞ったところ、該当馬は以下の8頭でした。

- ルビーカサブランカ
- アイコンテーラー
- デゼル
- シゲルピンクダイヤ
- スライリー
- アナザーリリック
- ラヴユーライヴ
- ラルナブリラーレ

該当馬がかなり多くなりましたが、結果的にはルビーカサブランカが7番人気1着、デゼルが6番人気3着となり、全頭の単複を購入したとしても単回収率158%、複勝回収率93%と高水準であり、その有用性を示す結果となりました。

傾向に則り本命は上位8頭から選択することにしましたが、最終的に◎ルビーカサブランカにした理由は以下の通りです。

実際の予想文から抜粋

これまで3勝Cでは2-3-3-3-3と勝ちきれなかった馬が前走で一変。4角で不利がありながらもとてもここまで5戦勝ちきれなかった馬とは思えない勝ちきり方で勝ち上がってきただけに本格化した

ここでは前走1着の馬の成績があまり良くないというセオリーで

はなく、自分の目で見た成長度合いを重視した形。データというのは広い範囲では有用であるものの、サンプル数がどうしても十分に取れない競馬においてはデータを使うべき所と、イレギュラーとみなしてデータに逆らうべき所があり、今回はそれが功を奏しました。

セオリーに逆らうことなく選べば該当馬は以下4頭。

・シゲルピンクダイヤ　・アナザーリリック
・デゼル　・スライリー

この中での取捨の理由を説明します。

まず、デゼルはエリザベス女王杯8着であり、友道厩舎ー川田騎手ということで、前日段階でこれほど人気しないことが読めず、予想段階で範疇に入っていませんでした。結果論でものを言えば、これだけ人気がなく、買うべき条件に該当するデゼルは期待値が取れていたのではないかと思っています。

シゲルピンクダイヤは顕著な前残り戦だった前走の中日新聞杯で10番人気3着。完全に展開が向いていた中での好走だったと捉え、好走後の後追い本命を控える形。この馬自身も連続して好走するタイプではなくヴィクトリアマイル5着（13番人気）→クイーンS10着（4番人気）だったり、前年も今年同様のローテで中日新聞杯2着（9番人気）→愛知杯9着（4番人気）があるなど、ここでは本命にしにくい条件でした。とはいえ、それがオッズにも反映されていたようなのでここでは押さえとしました。

アナザーリリックとスライリーに関しては完全にオッズ決め。

いずれも秋華賞に出走していてスライリーが5着、アナザーリリックが7着。スライリーがその次走リステッド競走で大敗した影響か、かたや単勝10.5倍、かたや単勝42.2倍。秋華賞では同斤量だったが、今回はスライリーが1kg軽くなるという条件下ならば勝率・

好走率に4倍以上の差はないと見てスライリーを上位に取りました。

馬券の組み方も期待値重視で!

牝馬限定のハンデ戦において、単勝1 ～ 9.9倍の馬の期待値がかなり低いことから、馬券的戦略としては穴馬を本命にして、そこから人気馬同士の決着の目を抜いて3連複を多点数で買い、高配当狙い。さすがに人気馬も全頭入れると期待値的に厳しいので、前走見せ場が全くないにもかかわらずルメール騎手乗り替わりで人気していたマジックキャッスルと、コラムに書いた「『GⅠに出走していたのに、ハンデ戦のGⅢで斤量も軽い!』と買いやすい罠のような馬たちが全体の成績を下げていることになる」にピッタリ該当するソフトフルートは完全に消しという予想に。

その他には、ローズSの差し決着を前で粘りこんだ競馬の後、2連勝でも人気のなかったアイコンテーラーからも3連複を買いました。結果的に9番人気5着で全体の狙いとしては良かったんですが、ここまで手を広げたために収支が思った以上に厳しくなってしまいました。ただし、この後紹介する中山牝馬Sのようにハマッた時の配当を加味すれば期待値は取れていたのでOKだと思っています。

反省点としてはルビーカサブランカ、デゼル、アイコンテーラー、スライリーの4頭ワイドBOXの方が合成オッズは取れていた上、マジックキャッスルやソフトフルートが馬券内になった時のリスクヘッジにもなっていたということです。アプローチは正解も馬券は反省すべきレースでした。

2022年1月15日 中京11R
愛知杯（GⅢ） 芝2000m良

	着	馬名	斤量	位置取り	前走成績	単勝オッズ	人気
◎	1	1 ① ルビーカサブランカ	52	11-11-11-9	オリオンS(3勝)1着	12.7	7
△	2	2 ④ マリアエレーナ	53	2-2-3-5	新潟牝馬S(OP)1着	7.0	3
△	3	6 ⑫ デゼル	55.5	11-12-11-9	エリザベス女王杯(G1)8着	10.7	6
	4	5 ⑨ ソフトフルート	53	15-15-14-14	エリザベス女王杯(G1)4着	6.3	2
▲	5	4 ⑧ アイコンテーラー	51	1-1-1-1	魚沼S･3勝1着	27.9	9
	6	3 ⑤ クールキャット	53	8-8-10-9	秋華賞(G1)15着	58.2	14
	7	6 ⑪ カセドラルベル	52	5-7-3-4	新潟牝馬S(OP)5着	146.5	15
△	8	5 ⑩ アナザーリリック	53	10-10-6-7	秋華賞(G1)7着	10.5	5
	9	1 ② マジックキャッスル	56	13-13-13-13	府中牝馬S(G2)15着	7.6	4
△	10	8 ⑯ ラルナブリラーレ	52	4-4-3-2	ユートピアS(3勝)1着	37.0	11
△	11	3 ⑥ アンドヴァラナウト	55	5-5-6-5	秋華賞(G1)3着	2.9	1
△	12	7 ⑬ ラヴユーライヴ	52	13-14-15-15	立雲峡S(3勝)1着	36.5	10
○	13	4 ⑦ スライリー	52	8-8-6-7	キャピタルS(L)9着	42.2	12
△	14	8 ⑮ シゲルピンクダイヤ	54	2-2-2-2	中日新聞杯(G3)3着	21.5	8
△	15	7 ⑭ ホウオウエミーズ	51	15-16-16-16	常総S(3勝)2着	52.3	13
	16	2 ③ ウインアグライア	51	5-5-6-9	ディセンバーS(L)12着	149.0	16

単勝1,270円　複勝370円 270円 380円　枠連1,870円
馬連4,360円　ワイド1,260円 2,230円 1,790円
馬単9,420円　三連複21,540円　三連単124,940円

新時代に対応した重賞の攻め方

週中

過去の結果を見ながら
盲点になりそうな
ファクターを探す

注意点
- 予想オッズはなるべく見ない
- 狙い馬を決めようとしない

週末

オッズを見ながら該当馬を探す

該当馬の中から絞り込むときに
初めて各馬の分析をする

注意点
- 本質を理解して柔軟に予想を変更する勇気を持つ

中山牝馬S（GⅢ）

SAMPLE RACE②

2022年3月12日 中山11R 芝1800m良

馬名	性齢	斤量	単勝	人気	前走
1 ① ロザムール	牝6	54	69.2	14	1/5 中山金杯(G3)・5人16着
1 ② シングフォーユー	牝6	53	10.6	4	1/29 白富士S(L)・5人9着
2 ③ ミスニューヨーク	牝5	55	3.4	1	12/18 ターコイズS(G3)・4人1着
2 ④ ドナアトラエンテ	牝6	55	13.8	6	2/6 東京新聞杯(G3)・9人5着
3 ⑤ ジュランビル	牝6	53	99	16	2/19 京都牝馬S(G3)・13人12着
3 ⑥ クールキャット	牝4	54	13.9	7	1/15 愛知杯(G3)・14人6着
4 ⑦ シャムロックヒル	牝5	53	26.6	11	1/5 中山金杯(G3)・6人7着
4 ⑧ ゴルトベルク	牝5	53	13.9	8	12/19 ディセンバーS(L)・3人9着
5 ⑨ テルツェット	牝5	56.5	5.8	3	11/14 エリザベス女王杯(G1)・4人11着
5 ⑩ ローザノワール	牝6	54	23.6	10	12/19 ディセンバーS((L)・6人1着
6 ⑪ ルビーカサブランカ	牝5	55	5.5	2	1/15 愛知杯(G3)・7人1着
6 ⑫ スマイルカナ	牝5	56	38.2	13	12/18 ターコイズS(G3)・9人15着
7 ⑬ スライリー	牝4	53	22.7	9	1/15 愛知杯(G3)・12人13着
7 ⑭ アブレイズ	牝5	56	29.2	12	10/16 府中牝馬S(G2)・11人13着
8 ⑮ フェアリーポルカ	牝6	56	12.7	5	12/18 ターコイズS(G3)・8人4着
8 ⑯ クリノプレミアム	牝5	53	97.4	15	2/19 京都牝馬S(G3)・9人16着

**愛知杯の2ヶ月後。
同じアプローチで3連複
14万5880円を的中!!**

週中の見解（netkeiba.comのコラムより）

【牝馬限定重賞】【ハンデ戦】では人気馬を買うだけ損になりやすい

年始の愛知杯時にも紹介をしたが、結局忘れ去られやすいのでリマインドも込めてもう一度【牝馬限定重賞】【ハンデ戦】においてのポイントを整理しておくべきで、【牝馬限定重賞】【ハンデ戦】では人気馬を買うだけ損になりやすい。

〜中略〜

2022年の牝馬限定戦・ハンデ戦の愛知杯においてはこの単勝10〜49.9倍に該当した馬が8頭。結果的にはルビーカサブランカが7番人気1着、デゼルが6番人気3着となり、単勝回収率は158%、複勝回収率は93%となりました。さらにマクロな視点で見ると、関西馬圧倒的優勢な条件でもあるので、さらに候補は絞れ、その中でもより適条件に値するルビーカサブランカをウマい馬券に◎として入稿したように、該当馬がかなり限られるだけに武器を正しく使うことができれば戦いやすい条件になります。

今年の中山牝馬Sにおいて、単勝10〜49.9倍のオッズ帯＋関西馬に該当するのはアブレイズ・シャムロックヒル・フェアリーポルカの3頭のみ（3/8時点）とかなり少ないだけに注目が必要になりそうです。

週末の予想(ウマい馬券での印・買い目)

メシ馬の予想

11R 中山牝馬S GIII

3月12日(土) 15:45 中山 芝1800m

予想印

◎	14	アブレイズ (12人気)
○	15	フェアリーポルカ (5人気)
▲	7	シャムロックヒル (11人気)
△	1	ロザムール (14人気)
△	3	ミスニューヨーク (1人気)
△	5	ジュランビル (16人気)
△	6	クールキャット (8人気)
△	8	ゴルトベルク (7人気)
△	11	ルビーカサブランカ (2人気)
△	12	スマイルカナ (13人気)
△	13	スライリー (9人気)
△	16	クリノプレミアム (15人気)

【ご注意】予想の転載はお控えください

買い目

券種・買い目	組み合わせ・点数
ワイド (フォーメーション)	馬1 : 16 馬2 : 7 13 14 15 的中 4通り 各200円 払い戻し 14-16：200円x199.7倍=39,940円
3連複 (フォーメーション)	馬1 : 7 14 15 馬2 : 3 7 11 13 14 15 馬3 : 1 3 5 6 7 8 11 12 13 14 15 16 的中 91通り 各100円 払い戻し 3-14-16：100円x1458.8倍=145,880円
合計	9,900円

払い戻し・収支

払い戻し金額	収支
185,820円	+175,920円

レース結果

着順	印	馬番	馬名	人気(単勝オッズ)
1	△	16	クリノプレミアム	15人気(97.4倍)
2	◎	14	アブレイズ	12人気(29.2倍)
3	△	3	ミスニューヨーク	1人気(3.4倍)

もっとみる ›

予想までの経緯や買い目の工夫について

レースレベルで本命馬を絞り込む

コラム通りに関西馬の穴馬の人気がなさそうだったので、10～49.9倍ゾーンの関西馬であるアブレイズ、シャムロックヒル、フェアリーポルカ（＋当日オッズでローザノワール）の中から本命を選ぶシーンとなりました。ここからは各馬の戦績や特徴を見ていくこととなります。

・アブレイズ　　　　　・シャムロックヒル
・フェアリーポルカ　　・ローザノワール

アブレイズとシャムロックヒルが出走していた2021年のマーメイドSはかなりレベルが高く、その後の成績を見ると、2着クラヴェルはエリ女で3着、3着シャドウディーヴァは府中牝馬S勝ち・ジャパンC7着、4着アンドラステはその後重賞で連続好走、7着イズジョーノキセキはエリ女で不利がなければ3着、8着ソフトフルートはエリ女4着と錚々たるメンバーでした。ここの勝ち馬シャムロックヒル、6着アブレイズは普通に能力が高いと判断することができます。

フェアリーポルカは2020年の中山牝馬S勝ち馬であり、2021年もこのレースで3着になっていることから、この条件への適性の高さがシンプルにわかりやすい馬です。かつ中山コースでの重賞では、紫苑S2着やターコイズS3着も含め5戦すべて4着以内ですから、適性の高さは折り紙付きで、当然有力な1頭となります。

反対に、ローザノワールは重賞で足りる能力面の下地を見せておらず、前走ディセンバーSでの勝利もイン（ラチ沿い）を走った馬

マーメイドS（2021年）出走馬のその後の好走例

着	馬名	斤量	タイム	位置取り	人気	
1	1 ① シャムロックヒル	50	2.00.4	1-1-1-1	10	
2	7 ⑬ クラヴェル	51	2.00.4	14-13-11-13	5	新潟記念3着、エリザベス女王杯3着
3	3 ⑤ シャドウディーヴァ	55	2.00.5	6-6-6-5	6	府中牝馬S1着、JC7着
4	6 ⑫ アンドラステ	55	2.00.8	6-5-4-2	3	中京記念1着、府中牝馬S2着、ターコイズS2着
5	2 ③ ホウオウエミーズ	50	2.00.8	9-9-11-9	12	
6	1 ② アブレイズ	56	2.01.1	3-3-4-5	9	
7	5 ⑨ イズジョーノキセキ	52	2.01.2	6-6-6-5	2	エリザベス女王杯5着
8	4 ⑧ ソフトフルート	54	2.01.2	4-3-2-2	1	エリザベス女王杯4着
9	5 ⑩ キングスタイル	50	2.01.4	16-15-14-14	14	
10	4 ⑦ レッドベルディエス	53	2.01.5	14-15-14-14	11	
11	7 ⑭ サンクテュエール	55	2.01.5	2-2-2-2	4	
12	2 ④ カセドラルベル	54	2.01.5	9-9-8-9	7	
13	8 ⑯ アッシェンプッテル	54	2.01.6	13-13-16-16	16	
14	3 ⑥ フィリアプーラ	54	2.01.7	4-6-8-9	13	
15	8 ⑮ ミスニューヨーク	53	2.01.9	9-9-11-8	8	ターコイズS1着
16	6 ⑪ パッシングスルー	54	2.01.9	9-9-8-9	15	

しか好走できなかった5回中山開催だったことを考えれば、強いトラックバイアスに恵まれての勝利だと判断することができました。

となれば必然的に、アブレイズ・シャムロックヒル・フェアリーポルカ＞ローザノワールという構図になり、中穴オッズ帯の関東馬の妙味がこの3頭を上回ることはないと見て、素直に◎○▲を打つことにしました。そして、最終的に、前に厳しいペースになりそうなメンバー構成であることから、◎アブレイズ、○フェアリーポルカ、▲シャムロックヒルという順に落ち着きました。

もし関東馬からの妙味の逆転があるとしたら、3連複の買い目・2

列目に唯一穴馬として入っているスライリーがその筆頭になります。関東馬ながら、関西圏・秋華賞で5着に入る能力を見せている実績馬が53kgであればという見解でした。最終的にはアブレイズ・フェアリーポルカを逆転するまでとは考えませんでしたが、展開を考えてシャムロックヒル（12着）⇄スライリー（4着）の評価の入れ替えはしても良かったかなと反省した次第です（あくまでレース後の結果論ではありますが……）。

人気馬が崩れる可能性を考え、手広く購入

一方、人気馬は前走1000m通過56.8のハイペースで完全に展開がハマったミスニューヨーク（1番人気）、インがガラ空きになり軽い斤量でハマったルビーカサブランカ（2番人気）、馬格が必要なレースで小柄ながらトップハンデのテルツェット（3番人気）、重賞実績が全くなく、これまでの戦績からあきらかに東京＞中山のシングフォーユー（4番人気）とかなり手薄なメンバーでした。

ターコイズSでは、ミスニューヨークは展開どハマりで勝ち切り、フェアリーポルカは直線で詰まった不利がありながら0.5秒差の4着。さらに斤量を見ると、ミスニューヨークが53kg→55kg、フェアリーポルカが56kg→56kgなので、この2頭にオッズほどの差はないと判断しました（単勝3.4倍と12.7倍）。

ルビーカサブランカは能力を認めつつも、インがぽっかり空いてラッキーだったレースから斤量が3kg増になるなど、能力面以外での壁がありました。

以上を踏まえると、**素直にパターンに該当する穴馬を狙えばいいケースであり、人気馬が崩れる可能性まで考えると、馬券は手広く買うべきと判断しました。**

なぜクリノプレミアムからのワイドを押さえたのか?

最終的な買い目には、アブレイズ、フェアリーポルカ、シャムロックヒルからの3連複フォーメーションとは別に、クリノプレミアムからのワイド流しを加えました。

クリノプレミアムは京都金杯で前が詰まる不利がありながら14番人気5着でした。52kgという軽ハンデであったとしても上位に来たのはGⅡで馬券に絡んだ経験があるメンバーですから、この内容は評価できました。

牝馬限定ハンデGⅢは形こそGⅢですが、実質メンバーレベルは低いということも多々あるので、過去レースのレベル比較には注意しなければなりません。クリノプレミアムが中山牝馬Sで単勝97.4倍は買われてなさすぎで、3連系で抜けても取れるようにワイドを入れた形です。

2022年3月12日　中山11R
中山牝馬S（GⅢ）芝1800m良

	着	馬名	斤量	位置取り	前走成績	単勝オッズ	人気
△	1	8 ⑯ クリノプレミアム	53	8-10-8-9	京都牝馬S(G3)16着	97.4	15
◎	2	7 ⑭ アブレイズ	56	6-6-7-5	府中牝馬S(G2)13着	29.2	12
△	3	2 ③ ミスニューヨーク	55	8-6-8-5	ターコイズSH(G3)1着	3.4	1
△	4	7 ⑬ スライリー	53	12-12-14-12	愛知杯H(G3)13着	22.7	9
	5	5 ⑨ テルツェット	56.5	14-15-15-16	エ女王杯(G1)11着	5.8	3
△	6	6 ⑪ ルビーカサブランカ	55	16-15-11-12	愛知杯H(G3)1着	5.5	2
	7	2 ④ ドナアトラエンテ	55	4-4-5-5	東京新聞杯(G3)5着	13.8	6
△	8	3 ⑤ ジュランビル	53	6-6-5-5	京都牝馬S(G3)12着	99	16
	9	5 ⑩ ローザノワール	54	4-4-4-3	ディセンバーS(L)1着	23.6	10
△	10	3 ⑥ クールキャット	54	14-14-15-12	愛知杯H(G3)6着	13.9	7
	11	1 ② シングフォーユー	53	12-10-11-9	白富士S(L)・9着	10.6	4
▲	12	4 ⑦ シャムロックヒル	53	2-2-2-2	中山金杯H(G3)7着	26.6	11
△	13	1 ① ロザムール	54	1-1-1-1	中山金杯H(G3)16着	69.2	14
○	14	8 ⑮ フェアリーポルカ	56	10-9-8-9	ターコイズSH(G3)4着	12.7	5
△	15	6 ⑫ スマイルカナ	56	3-3-2-3	ターコイズSH(G3)15着	38.2	13
△	16	4 ⑧ ゴルトベルク	53	10-12-11-12	ディセンバーS(L)・9着	13.9	8

単勝9,740円　複勝2,010円 710円 180円　枠連5,500円
馬連106,850円 ワイド19,970円 6,580円 1,900円
馬単254,050円　三連複145,880円　三連単1,737,720円

重賞穴パターン 02

ハンデ戦は隠れた受ける馬が生じや

小倉記念（GⅢ）

SAMPLE RACE①

2022年8月14日　小倉11R　芝2000m良

馬名	性齢	斤量	単勝	人気	前走
1 ① アーデントリー	牡6	54	109.9	15	7/24 中京記念(G3)・12人11着
1 ② マリアエレーナ	牝4	54	5.0	2	6/19 マーメイドS(G3)・4人2着
2 ③ ムジカ	牝5	51	6.0	3	7/17 博多S(3勝)・2人2着
2 ④ ジェラルディーナ	牝4	54	3.2	1	6/4 鳴尾記念(G3)・4人2着
3 ⑤ ダブルシャープ	牡7	56	36.6	11	7/24 中京記念(G3)・9人14着
3 ⑥ タガノディアマンテ	牡6	56	10.2	5	5/1 天皇賞春(G1)・9人17着
4 ⑦ ピースオブエイト	牡3	53	8.5	4	5/29 東京優駿(G1)・12人18着
4 ⑧ プリマヴィスタ	牡5	53	0.0	0	7/10 七夕賞(G3)・8人9着
5 ⑨ シフルマン	牡6	56	19.8	9	5/14 都大路S(L)・3人1着
5 ⑩ カデナ	牡8	57.5	15.7	8	7/24 中京記念(G3)・8人6着
6 ⑪ ショウナンバルディ	牡6	57	50.4	12	7/10 七夕賞(G3)・9人11着
6 ⑫ ヒンドゥタイムズ	セ6	56.5	32.0	10	12/11 中日新聞杯(G3)・11人7着
7 ⑬ モズナガレボシ	牡5	55	78.0	13	7/24 中京記念(G3)・13人12着
7 ⑭ カテドラル	牡6	57	13.7	6	7/24 中京記念(G3)・10人2着
8 ⑮ スーパーフェザー	セ7	54	90.1	14	7/24 中京記(G3)・15人9着
8 ⑯ ヒュミドール	セ6	56	15.2	7	7/10 七夕賞(G3)・3人5着

斤量恩恵をすい

週中の見解（netkeiba.comのコラムより）

例年以上に歪んだ斤量差…前走○○組から穴馬が出る?

小倉記念はハンデ差が結果にもたらす影響がかなり大きい重賞。

結論から先にまとめると、小倉記念でハンデが甘くなるのは以下3パターン。

❶前走GⅠ組
❷前走GⅡ／GⅢ組の斤量変化ある馬
❸前走3勝クラス組

表1 2012～2021／小倉記念／前走クラス別成績

前走クラス	着別度数	勝率	連対率	複勝率	単回値	複回値
3勝C	4-1-2-17/24	16.7%	20.8%	29.2%	215	101
OPEN（非L）	0-1-0-16/17	0%	5.9%	5.9%	0	23
OPEN（L）	0-0-0-4/4	0%	0%	0%	0	0
GⅡ/GⅢ 同斤量	2-2-3-47/54	3.7%	7.4%	13.0%	27	51
GⅡ/GⅢ 斤量変	3-3-4-10/20	15.0%	30.0%	50.0%	212	153
GⅠ	1-3-1-4/9	11.1%	44.4%	55.6%	54	132

※前走2勝C以下は省略

前提として、小倉記念は「前走ハンデ戦」の馬が大多数になる点が、ハンデ差が結果にもたらす影響を大きくさせている。

一般的にハンデ競走では、トップハンデの馬を最初に決め、その他の馬の負担重量を決めていく。ハンデ競走において一般的に「GⅠでの実績」がある馬がトップハンデ58kg以上を背負わされることになるのだが、この小倉記念においてはトップハンデを背負ってきた馬＝前走GⅠ出走馬にならないことが多い。

2022年もトップハンデはカデナの57.5kgがまず決定しているわけだが、前走の中京記念からハンデを変更するわけにはいかないし、中京記念当時の「GⅠでの実績はやや昔のこと」という判断での0.5kg減少の57.5kgと推察される。

その次点として、カテドラルが前走中京記念の57kgと同斤量という判断になるわけだが、この前走ハンデ戦に出走していた馬の斤量を「安易に変更できない」というのが問題。

前述の通り、**ハンデ競走ではトップハンデの馬を絶対評価で決め、その他の馬はメンバーを見ての相対評価で斤量が決定される。**ここが大きな問題になっていて、前走カデナを絶対評価でトップハンデ（＝57.5）と決定した以上、今回も絶対評価せざるを得ない。また、前走でカデナとの相対評価をした以上、カテドラルも今回は57kgから変更できないことになる。

他の選択肢としては一応、別路線組からマリアエレーナやジェラルディーナをトップハンデにする選択肢もあるものの、いずれもGⅠ実績という点で難しい。

以上のことから、小倉記念において前走重賞組で斤量据え置きというのは、能力云々以前に、様々な条件で縛られた中で決まっている可能性が多いにあり、回収率が低くなる。

斤量減については言うまでもないが、斤量増に関しても好成績なのは今回のように上が必然的に斤量を変えられない状況かつ、下も条件戦馬が複数出走してくる小倉記念においては本来の見込みの斤量まで上げられないことが多く、“相対的”に斤量が恵まれた結果だろう。

また、前走GⅠ組が成績優秀なのも同様で、前走GⅠで敗れた馬を絶対評価でトップハンデにするのは難しく、“相対的”に斤量が恵まれた結果。

トップハンデ馬ー前走重賞出走馬ーＧⅠ出走馬ーOP出走馬と上から相対的に斤量が決まっていってしまう性質上、前走3勝クラス出走馬は2012年以降全頭が斤量減での出走になっていて、全23頭中12頭は3kg以上の斤量減になる。

上から様々な条件で縛られた斤量が決定していく中で、能力以上に斤量が軽くなってしまうのが3勝クラス出走馬で、その中でも(1)前走3勝クラス勝ち馬、(2)前走3勝クラス凡走馬という序列がつき、斤量に反映されてしまう結果、前走3勝クラスで負けている馬があっさり通用することに繋がり、これが狙い目になりやすい。

今年の小倉記念ではエターナルヴィテスが49kgでの出走となり、「ハンデ軽すぎでは?」と驚く方もいると思いますが、上述の流れを理解していればなにも不思議ではない現象なのです。

今年はカデナを絶対評価の軸にしてしまった結果、例年以上に斤量差が歪んでいて、前走3勝クラス組から穴馬が出ると推察しています。

前走3勝クラス組

- イロゴトシ（斤量前走比-5kg）
- ウインリブルマン（斤量前走比-6kg）
- エターナルヴィテス（斤量前走比-3kg）
- タガノパッション（斤量前走比-5kg）
- ムジカ（斤量前走比-4kg）

週末の予想(ウマい馬券での印・買い目)

メシ馬の予想

11R 小倉記念 GIII

8月14日(日) 15:35 小倉 芝2000m

予想印

◎	6	タガノディアマンテ (5人気)
○	4	ジェラルディーナ (1人気)
▲	2	マリアエレーナ (2人気)
△	3	ムジカ (3人気)
☆	1	アーデントリー (15人気)

【ご注意】予想の転載はお控えください

レース結果

着順	印	馬番	馬名	人気(単勝オッズ)
1	▲	2	マリアエレーナ	2人気(5倍)
2		12	ヒンドゥタイムズ	10人気(32倍)
3	○	4	ジェラルディーナ	1人気(3.2倍)

もっとみる ›

買い目

券種・買い目	組み合わせ・点数
馬連 (通常)	2－6 1,300円
馬連 (通常)	3－6 1,200円
馬連 (通常)	4－6 2,000円
ワイド (通常)	4－6 4,000円
ワイド (通常)	1－2 600円
ワイド (通常)	1－4 900円
合計	10,000円

払い戻し・収支

払い戻し金額	収支
0円	-10,000円

予想までの経緯や買い目の工夫について

狙っていた3勝クラス組が回避し
斤量とオッズから改めて狙い馬を探すことに

木曜コラムで言及したとおり、中京記念でのハンデ基準から、小倉記念においてもカデナ57.5kg・カテドラル57kgを変更できないという事情があったことで、その2頭の絶対的な斤量を動かせず、中京記念に出走していなかった馬の斤量で相対的にバランスを整えるという作業が入りました。そこで斤量の恩恵を受ける馬として3勝クラスからの出走馬を狙おうとしたものの、この考え方があまり理解されておらず、足らないと判断されて自己条件へ回ってしまいました。

唯一出走してきたのがムジカでしたが、パッと見で「斤量軽いな」と判断される馬がこの馬だけになってしまったことや、同年春に阪神牝馬Sで4着していたこともあって、前走3勝クラス2着ながら過剰に売れて3番人気になっていました。

そこで別の案を探しました。斤量面で明らかに恵まれたのは牡馬混合GⅢ・鳴尾記念で2着しながら次走ハンデ戦で斤量据え置きになっていたジェラルディーナと、牝馬ハンデGⅢ・マーメイドSで2着していながらも斤量が軽くなるマリアエレーナ。しかし、どちらも人気を集めています。

それならば、京都記念でこの2頭に先着していながら、今回は人気が落ちそうなタガノディアマンテはどうかと考えました。京都記念ではマリアエレーナ・ジェラルディーナが53kgで、タガノディアマンテは56kgと3kg差でしたが、今回はマリアエレーナ・ジェラルディーナが54kgなのに対しタガノディアマンテは56kgと2kg差になっており、斤量的な優位性もあったことが決め手となり本命にすることにしました。

人気馬を1頭消すことで期待値が取れると判断

相手は人気だとしても素直にマリアエレーナ・ジェラルディーナ・ムジカにしました。これは3歳牡馬のピースオブエイトが古馬との初対戦で53kg（厳密に言えばマリアエレーナやジェラルディーナに対して1kgしかもらえない）という厳しい条件での出走にもかかわらず人気を集めていることから、そこを軽視することで期待値が取れると判断したからです。

穴目で積極的に買う気になる馬はほとんどいなかったのですが、小倉芝1800mの虹の松原Sで57kgを背負いながら54kgのミスニューヨーク（当時の実績は秋華賞5着）を悠々差し切ったアーデントリーは15番人気ということで押さえました。この馬も長期休養で実績が加味されず54kgでの出走となっていたので、見えにくい有利な条件をゲットできていました。結果的に8着でしたが、カテドラル・ピースオブエイト・ムジカ・カデナと一団でのゴールでの8着なので、結果は伴わずとも見えにくいハンデでの優位性は示したと見ています。

狙い・馬券的には正解だったと思っていますが、誤算は展開でした。これまで差し一辺倒だったタガノディアマンテが、京都記念で先行して結果が残ってしまったがゆえにここでも先手を主張する形になりました。1000m通過58.9で流れたペースをさらにそこからペースアップするという競馬になり、当然前が残るハズもなく差し決着に。ムジカも通常通り差してくると思ったら先行してハイペースで潰れてしまいました。

芝のハンデ戦は相対的評価された中に実力以上に斤量減されている馬が存在する

ハンデ戦はトップハンデの馬に注目し、その上でトップハンデ馬の前走がハンデ戦だった場合には同レース出走馬の有無を確認、そこから相対的に決まる斤量での有利不利を見極めていくことが非常に重要になるので覚えておいて損はありません。

なお、芝・ハンデ戦においては**基本的に斤量が軽いほうが恵まれている**結果となっています（表2）。

これもやはり、斤量設定が絶対的評価であるか、相対的評価であるかによって大きく成績に影響しており、結果的に相対的評価された馬の中に、実力以上に斤量減されている馬が存在しているということの証明です。

表2 2018～2022／芝・ハンデ戦／単勝オッズ1～49.9倍／斤量別成績

斤量	着別度数	勝率	連対率	複勝率	単回値	複回値
～49kg	1-0-2-27/30	3.3%	3.3%	10.0%	16	16
50～51kg	30-22-27-252/331	9.1%	15.7%	23.9%	159	104
52～54kg	303-295-306-2684/3588	8.4%	16.7%	25.2%	88	83
55～56.5kg	257-271-246-1818/2592	9.9%	20.4%	29.9%	73	77
57kg～	49-40-33-286/408	12.0%	21.8%	29.9%	75	70

相対的に斤量が優位になっている50～54kgの中でもさらに、今回の斤量増減による成績の差は表3のようになります。

前走から斤量減になる馬の成績が増減なしや斤量増に比べて“回収率”で見ると良績で、今回3kg以上減となると毎年のように複勝回収率90%を超えるような強力なファクターになりうることがわかります（表4）。

この斤量増減の所で、好走率ではなく、回収率で見て斤量減が有利になるのは、それだけ馬券購入者側に買われていないことを意味し、それはつまり、人の目に見えにくい所で相対的に恵まれている馬の存在を明確に表すものとなっているのです。

表3 2018~2022/芝・ハンデ戦/斤量50~54kg/単勝オッズ1~49.9倍/前走斤量比別成績

前走斤量比	着別度数	勝率	連対率	複勝率	単回値	複回値
増減無し	81-67-72-752/972	8.3%	15.2%	22.6%	93	76
今回増	13-24-18-131/186	7.0%	19.9%	29.6%	45	80
今回減	239-226-243-2053/2761	8.7%	16.8%	25.6%	98	88
今回1～1.5kg増	12-19-15-83/129	9.3%	24.0%	35.7%	55	97
今回2～2.5kg増	0-5-1-29/35	0%	14.3%	17.1%	0	48
今回3kg以上増	1-0-2-20/23	4.3%	4.3%	13.0%	54	33
今回1～1.5kg減	73-75-49-454/651	11.2%	22.7%	30.3%	99	82
今回2～2.5kg減	79-54-81-586/800	9.9%	16.6%	26.8%	101	85
今回3kg以上減	87-97-113-1013/1310	6.6%	14.0%	22.7%	95	94

表4 2018~2022/芝・ハンデ戦/斤量50~54kg/単勝オッズ1~49.9倍/今回3kg減以上/年別成績

年	着別度数	勝率	連対率	複勝率	単回値	複回値
2022年	17-19-21-184/241	7.1%	14.9%	23.7%	82	90
2021年	19-18-25-187/249	7.6%	14.9%	24.9%	110	99
2020年	12-16-22-207/257	4.7%	10.9%	19.5%	92	99
2019年	22-25-18-228/293	7.5%	16.0%	22.2%	98	85
2018年	17-19-27-207/270	6.3%	13.3%	23.3%	91	98

ハンデ戦は隠れた斤量恩恵を受ける馬が生じやすい

2022年8月14日　小倉11R
小倉記念（GⅢ）芝2000m良

	着	馬名	斤量	位置取り	前走成績	単勝オッズ	人気
▲	1	1 ② マリアエレーナ	54	5-4-3-2	マーメイドS(G3)2着	5.0	2
	2	6 ⑫ ヒンドゥタイムズ	56.5	11-11-11-9	中日新聞杯(G3)7着	32.0	10
○	3	2 ④ ジェラルディーナ	54	9-9-11-9	鳴尾記念(G3)2着	3.2	1
	4	7 ⑭ カテドラル	57	14-13-14-12	中京記念(G3)2着	13.7	6
	5	4 ⑦ ピースオブエイト	53	5-6-8-5	東京優駿(G1)18着	8.5	4
△	6	2 ③ ムジカ	51	5-4-6-8	博多S(3勝)2着	6.0	3
	7	5 ⑩ カテデナ	57.5	15-15-14-9	中京記念(G3)6着	15.7	8
☆	8	1 ① アーデントリー	54	9-8-8-4	中京記念(G3)11着	109.9	15
	9	8 ⑯ ヒュミドール	56	8-9-8-12	七夕賞(G3)5着	15.2	7
	10	3 ⑤ ダブルシャープ	56	13-14-3-3	中京記念(G3)14着	36.6	11
◎	11	3 ⑥ タガノディアマンテ	56	2-3-3-5	天皇賞春(G1)17着	10.2	5
	12	6 ⑪ ショウナンバルディ	57	2-2-2-5	七夕賞(G3)11着	50.4	12
	13	7 ⑬ モズナガレボシ	55	11-11-11-14	中京記念(G3)12着	78.0	13
	14	5 ⑨ シフルマン	56	1-1-1-1	都大路S(L)1着	19.8	9
	15	8 ⑮ スーパーフェザー	54	4-6-6-14	中京記(G3)9着	90.1	14
	消	4 ⑧ プリマヴィスタ	53		七夕賞(G3)9着		

単勝500円　複勝170円 670円 140円　枠連4,200円
馬連8,140円　ワイド2,480円 340円 2,020円
馬単13,320円　三連複6,690円　三連単49,140円

重賞穴パターン 03

3歳ダート重賞は2パターンの適性を

レパードS(GⅢ)

SAMPLE RACE①

2022年8月7日　新潟11R　ダ1800m良

馬名	性齢	斤量	単勝	人気	前走	
1 ① ヘラルドバローズ	牡3	56	8.1	4	6.5	3歳以上1勝クラス・1人1着
2 ② タイセイドレフォン	牡3	56	3.5	1	6.4	弥富特別(2勝)・1人1着
2 ③ メイショウユズルハ	牡3	56	15.1	5	5.7	わらび賞(1勝)・1人1着
3 ④ インディゴブラック	牡3	56	44.5	11	5.14	3歳1勝クラス・1人1着
3 ⑤ レッドラパルマ	牡3	56	50.2	12	7.2	3歳以上1勝クラス・1人1着
4 ⑥ ビヨンドザファザー	牡3	56	26.3	8	6.19	ユニコーンS(G3)・13人7着
4 ⑦ バレルゾーン	牡3	56	66.9	13	7.17	3歳以上1勝クラス・8人1着
5 ⑧ トウセツ	牡3	56	16.5	6	7.9	インディアT(2勝)・1人2着
5 ⑨ ハピ	牡3	56	3.7	2	7.13	JDD(G1)・2人4着
6 ⑩ ホウオウルーレット	牡3	56	4.0	3	7.16	いわき特別(2勝)・1人1着
6 ⑪ ギャラクシーナイト	牡3	56	37.3	9	5.7	プリンシパルS(L)・10人14着
7 ⑫ シダー	牝3	54	96.1	14	7.17	対馬特別(2勝)・5人1着
7 ⑬ ラブパイロー	牝3	54	40.2	10	6.15	関東オークス(G2)・5人2着
8 ⑭ ライラボンド	牡3	56	124.0	15	6.18	3歳以上1勝クラス・2人1着
8 ⑮ カフジオクタゴン	牡3	56	21.6	7	6.25	鷹取特別(2勝)・5人1着

週中の見解(netkeiba.comのコラムより)

ユニコーンS組の成績が良くないのは○○が特殊すぎるから

現代中央競馬のダート路線は芝との比較でかなり手薄で、芝ならばダービーまで終わった後に、ダート路線ではようやくユニコーンS(GⅢ)が行われる。

レパードSは立ち位置的には世代の中央重賞2つ目になるが、既に3歳8月なので、3歳馬は6月から始まる3歳上の古馬混合戦で走っている時期。そのため、3歳限定のダート重賞はこのレパードSで終わりとなる。中央重賞はユニコーンSとレパードSの2重賞しかなく、地方では7月にジャパンダートダービー(以下、JDD)があることに留まる(※体系整備により2024年から変更予定)。

表1 3歳限定のダートオープン競走・重賞 ※2022年時点

開催月	開催場所	コース	レース名
2月	東	東京ダ1600	ヒヤシンスS(L)
3月	西	中京ダ1400	昇竜S(OP)
3月	東	中山ダ1800	伏竜S(OP)
5月	西	京都ダ1400※	端午S(OP)
5月	地方	園田ダ1870	兵庫CS(JpnⅡ)
5月	東	東京ダ1600	青竜S(OP)
5月	西	京都ダ1800※	鳳雛S(L)
6月	地方	川崎ダ2100	関東オークス(JpnⅡ)
6月	東	東京ダ1600	ユニコーンS(GⅢ)
7月	地方	大井ダ2000	JDD(JpnⅠ)
8月	東	新潟ダ1800	レパードS(GⅢ)

※2021年、2022年の端午Sは阪神ダ1400で、鳳雛Sは中京ダ1800で開催

ただし、ユニコーンS・JDD・レパードSは6月・7月・8月と短い期間に集中していることから、ダート重賞が少ないからと言っても全て使ってくる馬はほぼいない。基本的なローテーションとしては以下の2つ。

❶ユニコーンS→レパードS
❷JDD→レパードS

表2 2012~2021/レパードS/前走レース別成績

前走レース名	着別度数	勝率	連対率	複勝率	単回値	複回値
JDD	3-3-3-12/21	14.3%	28.6%	42.9%	349	143
ユニコーンS	4-0-0-17/21	19.0%	19.0%	19.0%	185	61

上記2つのローテーションパターンの成績を見比べると、その差は一目瞭然(表2)。JDD組が複勝率も複勝回収率も高いことがわかる。

ユニコーンS組の成績が良くないのは「東京ダート1600mが特殊すぎるから」に尽きる。

そもそも、ダート1600mって現在の中央では東京競馬場にしか存在しないコース。

距離も特殊で、ダート戦にもかかわらずスタート地点が芝というのも特殊。コース形態もコーナーを4つ回るO字ではなくて、コーナー2つのU字(ワンターン)。表3から見て取れるように、**今の日本競馬では芝スタートとU字がセットになっており、ダートスタートとO字がセットになっている**ことがわかる。

芝スタート・U字ワンターン競馬でスピードが必要なコース形態の東京ダート1600mと、ダートスタート・O字コースで、スタミナとコーナリング能力が必要なコース形態の大井ダート2000mでは、

3歳ダート重賞は2パターンの適性を見抜くだけ

表3 3歳限定のダートオープン競走・重賞 スタート位置とコース形態

開催月	開催場所	コース	レース名	スタート	コース形態
2月	東	東京ダ1600	ヒヤシンスS（L）	芝	U字
3月	西	中京ダ1400	昇竜S（OP）	芝	U字
3月	東	中山ダ1800	伏竜S（OP）	ダート	O字
5月	西	京都ダ1400	端午S（OP）	芝	U字
5月	地方	園田ダ1870	兵庫CS（JpnⅡ）	ダート	O字
5月	東	東京ダ1600	青竜S（OP）	芝	U字
5月	西	京都ダ1800	鳳雛S（L）	ダート	O字
6月	地方	川崎ダ2100	関東オークス（JpnⅡ）	ダート	O字
6月	東	東京ダ1600	ユニコーンS（GⅢ）	芝	U字
7月	地方	大井ダ2000	JDD（JpnⅠ）	ダート	O字
8月	東	新潟ダ1800	レパードS（GⅢ）	ダート	O字

スタミナとコーナリング性能が必要なレパードS本番の新潟ダート1800mにおいてどちらが直結するかは容易に想像がつくでしょう。

また、ユニコーンS・JDDに限らず、前走条件戦組の馬についても、**芝スタート・U字（ワンターン）競馬でパフォーマンスが高かったのか、もしくはダートスタート・O字競馬でパフォーマンスが高かったかを判断する**ことで、未知の新潟ダート1800mへの適性を推し量る指標となるでしょう。

今回出走予定の馬ではJDDからの出走となるハピをコラム注目馬として取り上げます。

補足 **2、3歳ダート競走の体系整備について**
（2歳は2023年から、3歳は2024年から

➡羽田盃、東京ダービーをJpnⅠに格付け、JDDを10月上旬に移設し、この3レースを3歳ダート三冠競走とする。

➡兵庫チャンピオンシップを1400mに変更し、3歳短距離路線の頂点競走とする。

週末の予想（ウマい馬券での印・買い目）

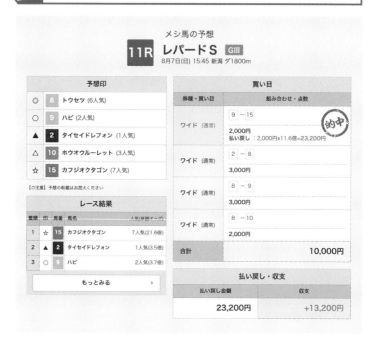

メシ馬の予想

11R レパードS GIII

8月7日(日) 15:45 新潟 ダ1800m

予想印

◎	8	トウセツ (6人気)
○	9	ハピ (2人気)
▲	2	タイセイドレフォン (1人気)
△	10	ホウオウルーレット (3人気)
☆	15	カフジオクタゴン (7人気)

【ご注意】予想の転載はお控えください

レース結果

着順	印	馬番	馬名	人気(単勝オッズ)
1	☆	15	カフジオクタゴン	7人気(21.6倍)
2	▲	2	タイセイドレフォン	1人気(3.5倍)
3	○	9	ハピ	2人気(3.7倍)

もっとみる ›

買い目

券種・買い目	組み合わせ・点数
ワイド (通常)	9 − 15 2,000円 払い戻し ：2,000円x11.6倍=23,200円 的中
ワイド (通常)	2 − 8 3,000円
ワイド (通常)	8 − 9 3,000円
ワイド (通常)	8 − 10 2,000円
合計	10,000円

払い戻し・収支

払い戻し金額	収支
23,200円	+13,200円

予想までの経緯や買い目の工夫について

U字、O字を意識しつつオッズを見る

このレースではヘラルドバローズが4番人気と人気を集めていましたが、カトレアS・ヒヤシンスSとどちらも東京ダ1600mでの実績。しかもいずれも湿った馬場でのレースだったこともあり、コラムで書いた通り適性の差で、ここでの上昇の余地はありませんでした。

ヘラルドバローズの過去3走

日付	レース名	コース	人気	着順	位置取り	着差
2022/6/5	3歳以上1勝クラス	中京ダ1800良	1	1	2-2-2-2	-0.5
2022/2/20	ヒヤシンスS(L)	東京ダ1600重	5	2	3-3	0.0
2021/11/27	カトレアS(OP)	東京ダ1600稍	5	3	12-12	0.1

反対に、そのヒヤシンスSで大敗を喫したタイセイドレフォンはU字への適性がなく、O字への適性が高いのでヘラルドバローズの〝下げ〟と対照的にここでは〝上げ〟で評価をしました。

タイセイドレフォンの過去3走

日付	レース名	コース	人気	着順	位置取り	着差
2022/6/4	弥富特別(2勝C)	中京ダ1800良	1	1	4-4-4-4	-1.3
2022/5/22	鳳雛S(L)	中京ダ1800良	3	2	4-3-4-4	0.3
2022/2/20	ヒヤシンスS(L)	東京ダ1600重	7	11	10-11	1.2

ハピはコラムで取り上げたように、JDDからのローテでここは当然高評価する形。

ホウオウルーレットは東京ダ1600mでユニコーンS3着のバトルクライに先着歴がありましたが、小回りでも新馬戦やいわき特別で

ハイパフォーマンスを見せていて、未だ適性は不透明で△までとしました。

ハピを素直に本命にしようとしましたが、前走のJDDで明らかな騎乗ミスがあっての4着だったということが予想以上に注目され、オッズ的にかなり厳しい面があったので○までとしました。最終的に狙い馬はトウセツにしたわけですが、これによって色々反省点が多い結果に……。

トウセツの過去3走

日付	レース名	コース	人気	着順	位置取り	着差
2022/7/9	インディアT(2勝C)	小倉ダ1700重	1	2	4-3-2-2	0.2
2022/5/7	3歳1勝クラス	中京ダ1800良	1	1	5-5-4-3	-0.4
2022/4/23	3歳1勝クラス	阪神ダ1800良	2	2	6-6-6-6	0.0

実際の予想文から抜粋

バテないストロングポイントのあるトウセツと、例年では足りないが今年ならチャンスあるかもしれないこちらもバテないカフジオクタゴンを狙う。

カフジが外から来ている時には流石にハピも来られる展開だと思うのでそこはワイド1点。

的中したものの、反省すべき買い目

まずトウセツを本命にした点は納得しているところですが、カフジオクタゴンからはハピとのワイド1点に絞っている点からも、トウセツからハピの1点でも、もしくはトウセツからハピ・タイセイドレフォンの2点でも良かったと反省。適性的に不明瞭なホウオウルーレットまで手を伸ばす必要は全くなかったと思いますし、それが人気馬ならばなおさらでした。

〈買い目〉

ワイド	⑨ハピ ― ⑮カフジ（2000円） ②タイセイ ― ⑧トウセツ（3000円） ⑧トウセツ ― ⑨ハピ（3000円） ⑧トウセツ ― ⑩ホウオウ（2000円）

馬券は上記のように入稿していましたが、実際には下記の形がベターであったと反省しました。

ワイド	⑨ハピ ― ⑮カフジ（3000円） ②タイセイ ― ⑧トウセツ（3500円） ⑧トウセツ ― ⑨ハピ（3500円）

とはいえ、当日のオッズを見ると想定よりもかなり渋いオッズになっていてカフジオクタゴン・ハピのワイドでも11.6～12.8倍でしたし、トウセツからのワイドは7.3～8.1倍と8.9～10.0倍で、とてもワイドを3点も買うほどの余裕がないオッズでした。

ヘラルドバローズがオッズを吸っていたぶんを狙おうとしたものの、かなり狙い撃ちされていた模様で、それならば3列目まで絞って以下のような3連複を資金配分で購入するのがベストだったと振り返ります。

3連複フォーメーション	1頭目　トウセツ／カフジ 2頭目　トウセツ／カフジ／タイセイ／ハピ 3頭目　トウセツ／カフジ／タイセイ／ハピ／ホウオウ

合計9点

ユニコーンSでも同様の事象が起きていた

ここで紹介したU字・O字の適性差は、ユニコーンSでも見られました。阪神ダート1800mの新馬でハイパフォーマンスを見せたジュタロウが人気を集めて10着に敗れたのです。**U字・O字の適性を考えると、O字でのパフォーマンスをU字に持ち込むべきではなく、**ジュタロウは飛ぶべくして飛んだと言えます。その後、ジュタロウがO字コースの阪神ダート2000mで0.9秒差の圧勝をしたのも適性の差でしょう。

ジュタロウの戦績

日付	レース名	コース	人気	着順	位置取り	着差
2022/11/13	3歳以上2勝クラス	阪神ダ2000重	1	1	3-3-3-2	-0.9
2022/10/15	能勢特別（2勝C）	阪神芝2000良	1	3	1-1-1-1	0.1
2022/6/19	ユニコーンS（G3）	東京ダ1600良	3	10	4-4	0.5
2022/4/30	3歳1勝クラス	東京ダ1600重	2	1	2-2	-0.7
2022/1/29	3歳1勝クラス	東京ダ1600良	1	9	12-11	1.4
2022/1/8	3歳1勝クラス	中京ダ1800良	1	2	7-8-3-3	0.2
2021/11/13	2歳新馬	阪神ダ1800稍	2	1	2-3-1-1	-2.4

ユニコーンS・レパードSはコース適性に重きを置いた予想をすると的中がグッと近づくので今後も効果的なファクターになりそうです。

2022年8月7日　新潟11R
レパードS(GⅢ) ダ1800m良

	着	馬名	斤量	位置取り	前走成績	単勝オッズ	人気
☆	1	8⑮カフジオクタゴン	56	9-8-7-5	鷹取特別(2勝)1着	21.6	7
▲	2	2②タイセイドレフォン	56	6-6-3-3	弥富特別(2勝)1着	3.5	1
○	3	5⑨ハピ	56	11-11-7-7	JDD(Jpn1)4着	3.7	2
	4	4⑥ビヨンドザファザー	56	15-15-13-11	ユニコーンS(G3)7着	26.3	8
△	5	6⑩ホウオウルーレット	56	11-11-10-10	いわき特別(2勝)1着	4.0	3
◎	6	5⑧トウセツ	56	13-13-12-11	インディアT(2勝)2着	16.5	6
	7	8⑭ライラボンド	56	13-13-9-9	3歳以上1勝クラス1着	124.0	15
	8	2③メイショウユズルハ	56	2-2-2-2	わらび賞(1勝)1着	15.1	5
	9	1①ヘラルドバローズ	56	1-1-1-1	3歳以上1勝クラス1着	8.1	4
	10	7⑫シダー	54	3-4-6-7	対馬特別(2勝)1着	96.1	14
	11	4⑦バレルゾーン	56	9-10-15-14	3歳以上1勝クラス1着	66.9	13
	12	3⑤レッドラパルマ	56	6-4-3-3	3歳以上1勝クラス1着	50.2	12
	13	3④インディゴブラック	56	3-3-3-5	3歳1勝クラス1着	44.5	11
	14	7⑬ラブパイロー	54	6-8-13-15	関東オークス(Jpn2)2着	40.2	10
	15	6⑪ギャラクシーナイト	56	3-6-10-13	プリンシパルS(L)14着	37.3	9

単勝2,160円　複勝440円 150円 150円　枠連2,530円
馬連3,690円　ワイド1,250円 1,160円 330円
馬単10,390円　三連複4,370円　三連単42,810円

重賞穴パターン
04
3歳馬が有利にな

有馬記念(GI)

SAMPLE RACE①

2022年12月25日　中山11R　芝2500m良

馬名	性齢	斤量	単勝	人気	前走
1 ① アカイイト	牝5	55	79.0	9	11.13 エリザベス女王杯(G1)・11人4着
1 ② イズジョーノキセキ	牝5	55	152.0	13	11.13 エリザベス女王杯(G1)・10人10着
2 ③ ボルドグフーシュ	牡3	55	14.1	6	10.23 菊花賞(G1)・7人2着
2 ④ アリストテレス	牡5	57	85.0	10	10.10 京都大賞典(G2)・4人11着
3 ⑤ ジェラルディーナ	牝4	55	7.4	3	11.13 エリザベス女王杯(G1)・4人1着
3 ⑥ ヴェラアズール	牡5	57	10.0	4	11.27 ジャパンC(G1)・3人1着
4 ⑦ エフフォーリア	牡4	57	10.1	5	6.26 宝塚記念(G1)・1人6着
4 ⑧ ウインマイティー	牝5	55	199.6	15	11.13 エリザベス女王杯(G1)・7人16着
5 ⑨ イクイノックス	牡3	55	2.3	1	10.30 天皇賞秋(G1)・1人1着
5 ⑩ ジャスティンパレス	牡3	55	18.9	7	10.23 菊花賞(G1)・4人3着
6 ⑪ ラストドラフト	牡6	57	215.3	16	11.6 AR共和国杯(G2)・4人5着
6 ⑫ ボタジェ	牡5	57	136.9	12	10.30 天皇賞秋(G1)・8人13着
7 ⑬ タイトルホルダー	牡4	57	3.6	2	10.2 凱旋門賞(仏G1)・11着
7 ⑭ ボッケリーニ	牡6	57	183.8	14	11.27 ジャパンC(G1)・9人17着
8 ⑮ ブレークアップ	牡4	57	118.6	11	11.6 AR共和国杯(G2)・6人1着
8 ⑯ ディープボンド	牡5	57	37.3	8	10.2 凱旋門賞(仏G1)・18着

週中の見解(netkeiba.comのコラムより)

有馬記念は斤量の観点からも3歳馬が有利

3歳馬と古馬が激突する中距離GⅠは天皇賞秋、ジャパンカップ、そしてこの有馬記念と大きく3つ存在するが、その中でも天皇賞秋は未知の対決としてそれまでのパフォーマンスイメージからオッズが形成される一方で、ジャパンカップでは天皇賞秋の結果を軸に世代間レベルでオッズが形成され、大トリ有馬記念ではこれまでの集大成のような形で3歳馬のオッズが形成されます。

必然的に天皇賞秋で3歳馬が敗戦をすると世代レベルが低いと捉えられる傾向がありますが、実際には**斤量の観点から3歳馬が有利になるのは、有馬記念＞ジャパンカップ≧天皇賞秋**となっています。

表1 3歳馬の負担重量の減量基準(別定・定量・オープンクラス)

距離	6月	7月	8月	9月	10月	11月	12月
～1399m	3	3	2	2	1	1	1
1400m～1600m	4	3	3	2	2	1	1
1601m～2199m	4	4	3	3	2	2	1
2200m～	5	4	4	3	3	2	2

※南半球産は除く

というのは、3歳馬の負担重量基準の定め方と3歳馬の成長度合いという2点が合わさって結果に反映されるのもあり、天皇賞秋は負担重量基準が10月に1kg減った月末に開催され、ジャパンカップも同じように負担重量基準が11月に1kg減った月末に開催されます。

対して有馬記念は負担重量基準が11月に1kg減った翌月末に開

催されるため、古馬に大して1ヵ月分のアドバンテージをもらえるためです。

表2 2010～2021／3歳馬／レース別成績

レース名	着別度数	勝率	連対率	複勝率	単回値	複回値
天皇賞秋	1-2-1-13/17	5.9%	17.6%	23.5%	20	37
ジャパンC	3-4-3-20/30	10.0%	23.3%	33.3%	56	76
有馬記念	6-2-3-21/32	18.8%	25.0%	34.4%	84	116

実際に3歳馬の成績（表2）を見ても、複勝率は変わらないながらもジャパンカップよりも有馬記念のほうが回収率が高い結果になっています。これはおそらく、ダービーの内容からジャパンカップでの好走をイメージしやすいがために、ジャパンカップは過剰に売れやすいという傾向も強く作用していると推察します。

表3 2010～2021／有馬記念／年齢別成績

年齢	着別度数	勝率	連対率	複勝率	単回値	複回値
3歳	6-2-3-21/32	18.8%	25.0%	34.4%	84	116
4歳	2-7-2-44/55	3.6%	16.4%	20.0%	35	61
5歳	4-3-6-49/62	6.5%	11.3%	21.0%	30	52
6歳	0-0-1-18/19	0%	0%	5.3%	0	19
7歳	0-0-0-14/14	0%	0%	0%	0	0
8歳	0-0-0-4/4	0%	0%	0%	0	0

実際に年齢別で見ると3歳馬がダントツの成績（表3）。

3歳馬が有利というのはどこでも語られていそうですが、そのカラクリは斤量にあるという所がわかっていれば、もう1点斤量について確認すべきポイントがあります。

3歳馬が有利になりやすい重賞

表4 2010~2021/有馬記念/3歳馬/前走斤量比別成績

前走斤量比	着別度数	勝率	連対率	複勝率	単回値	複回値
今回増	0-0-0-3/3	0%	0%	0%	0	0
増減無し	1-0-1-8/10	10.0%	10.0%	20.0%	84	146
今回減	5-2-2-10/19	26.3%	36.8%	47.4%	97	119

表4の通り、前走から斤量が増になる馬については成績が悪く、また同斤量の馬もトゥザグローリーの大穴1発だけで成績が大幅に上振れしているものの、その1頭を除けば好走はヴィクトワールピサ1頭であり、複勝回収率は22%。その中身を見ればエイシンフラッシュ・ペルーサ・ルーラーシップ・ワンアンドオンリーなど人気を背負って凡走するケースが多数です。

その中でも安定して圧倒的な成績を収めるのは斤量減で、相対的に斤量面で恵まれる中、さらに自身の絶対的な斤量まで軽くなるというのは大きなアドバンテージになるのでしょう。

表5 2010~2021/有馬記念/3歳馬/前走から斤量減

単勝オッズ	着別度数	勝率	連対率	複勝率	単回値	複回値
1.0~9.9	5-1-1-3/10	50.0%	60.0%	70.0%	185	138

斤量減の中でも特に、当日単勝オッズ1桁台となれば勝率50%・複勝率70%と驚異の数字を誇り、馬券外になった3頭のうち2頭(ステラヴェローチェ・スワーヴリチャード)はともに4着と僅差。ただただ3歳馬有利を鵜呑みにするのではなく、3歳馬が有利になる根本要因を理解して、そこからさらに応用できるようにすることが非常に大事です。

今年出走予定の3歳馬はイクイノックス・ボルドグフーシュ・ジャスティンパレスの3頭。この3頭はいずれも斤量減になることから、今年は3歳馬の上位独占があってもおかしくないと見ています。

週末の予想（ウマい馬券での印・買い目）

メシ馬の予想

11R 有馬記念 GI

12月25日(日) 15:25 中山 芝2500m

予想印

◎	10	ジャスティンパレス (7人気)
○	9	イクイノックス (1人気)
▲	3	ボルドグフーシュ (6人気)

【ご注意】予想の転載はお控えください

レース結果

着順	印	馬番	馬名	人気(単勝オッズ)
1	○	9	イクイノックス	1人気(2.3倍)
2	▲	3	ボルドグフーシュ	6人気(14.1倍)
3		5	ジェラルディーナ	3人気(7.4倍)

もっとみる ›

買い目

券種・買い目	組み合わせ・点数
馬連 (通常)	9 − 10 1,500円
馬連 (通常)	3 − 10 500円
ワイド (通常)	9 − 10 5,500円
ワイド (通常)	3 − 10 2,500円
合計	10,000円

払い戻し・収支

払い戻し金額	収支
0円	-10,000円

予想までの経緯や買い目の工夫について

コラムで書いた通り、3歳馬3頭を素直に評価

コラム内にて「今年出走予定の3歳馬はイクイノックス・ボルドグフーシュ・ジャスティンパレスの3頭。この3頭はいずれも斤量減になることから、今年は3歳馬の上位独占があってもおかしくないと見ています」と記載したように、3歳の3頭を素直に評価することにして◎○▲を構成。その中でも、中山コースのホープフルSで連対歴がありながら最も人気がなく、そのうえで神戸新聞杯ではボルドグフーシュに0.7秒先着しているというジャスティンパレスを本命にしました。

結果的に、ジャスティンパレスは当日全く伸びないインへ果敢に入れて、前つぶれしてしまい万事休す。伸びる外からするする上がって来たイクイノックスとボルドグフーシュでワンツー決着という、アプローチは惜しくても馬券的には見当違いの結果となってしまいました。

ハズれてしまって、冷静になった今でも、外を回す競馬ができていれば、3歳が上位3頭を独占する競馬になっただろうと思っています。

ジャスティンパレスの単勝オッズに引っ張られすぎたと反省

このレースでの反省は以下の点。

イクイノックスの「3歳かつ人気馬で外枠ではない」という条件は、過去に掲示板を外した馬がレース中に跛行のあったリアファルのみでした（表6）。それだけに、きっちり軸に据えても良かったと反省。

表6 2010~2021/有馬記念/3歳/1~6枠/単勝1~9.9倍

年	馬名	人気	着順
2021年	エフフォーリア	1	1
	ステラヴェローチェ	3	4
2019年	サートゥルナーリア	3	2
2018年	ブラストワンピース	3	1
2016年	サトノダイヤモンド	1	1
2015年	キタサンブラック	4	3
	リアファル	3	16
2011年	オルフェーヴル	1	1
2010年	ヴィクトワールピサ	2	1

※リアファルはレース中に右肩跛行

イクイノックスから馬連2点だとしてもレース回収率600%以上は取れただけに、馬券の組み方で見える回収率以上にジャスティンパレスの〝単勝〟のオッズに引っ張られてしまった感じがあります。

結局、予想としては良いアプローチができていただろうという自負はありますが、レースでの展開やなによりも馬券面での上手なアプローチができていなかったという点で大きな反省を残すレースとなりました。

ジャパンカップ→有馬記念はやはり厳しい

前走ジャパンカップ組を軽視するというスタイルは、今年もやはり正解でした（表7）。

前走ジャパンカップ組で有馬記念でも好走したのは、この短期間での過酷ローテを経験したことのある馬ばかり。そして、前年の有馬記念でもある程度勝負になっていた馬ばかりとなっています。

2022年にジャパンカップ→有馬記念のローテを経験したのはヴェラアズールとボッケリーニの2頭でしたが、ヴェラアズールは勝

表7 2010~2021／有馬記念／前走ジャパンC1~3着

年	馬名	年齢	人気	着順	前走人気	前走着順	備考
2019年	スワーヴリチャード	5	5	12	3	1	
2018年	キセキ	4	2	5	4	2	
2017年	キタサンブラック	5	1	1	1	3	前々年3着、前年2着
	シュヴァルグラン	5	3	3	5	1	前年6着
2016年	キタサンブラック	4	2	2	1	1	前年3着
	シュヴァルグラン	4	5	6	6	3	
	サウンズオブアース	5	4	8	5	2	
2015年	ラブリーデイ	5	2	5	1	3	
	ラストインパクト	5	9	12	7	2	
2014年	ジャスタウェイ	5	3	4	3	2	
	エピファネイア	4	2	5	4	1	
2013年	トーセンジョーダン	7	5	14	11	3	
2012年	ルーラーシップ	5	2	3	2	3	前年4着
2011年	トーセンジョーダン	5	3	5	6	2	
	ブエナビスタ	5	2	7	2	1	
	ジャガーメイル	7	12	11	14	3	
2010年	ヴィクトワールピサ	3	2	1	8	3	3歳
	ブエナビスタ	4	1	2	1	①(降)	前年2着

表8 2010~2021／有馬記念／前走ジャパンC／前走着順別成績

前走着順	着別度数	勝率	連対率	複勝率	単回値	複回値
TOTAL	3-4-6-57/70	4.3%	10.0%	18.6%	27	48
前走1~3着	2-2-2-12/18	11.1%	22.2%	33.3%	57	48

ち馬から1.7秒、3着から1秒離された10着、ボッケリーニはさらに0.4秒後ろの11着であったため、2023年以降にこのローテで出走することがあってもおそらく厳しい結果になると予想できます。そして、前年にこのローテを経験した馬がいないとなれば、2023年の有馬記念も前走ジャパンカップ組は軽視するという方針で良いで

しょう（表8）。

やはり、このローテで短期間に2度も長い距離（計4900m）を走破するのは厳しく、さらにジャパンカップの前にもう1走していれば、より余力面での負担が大きくなります。前年このローテを経験している馬が翌年で好走できるのは、反動やダメージの具合を前年確認した上で、前哨戦の仕上げを緩めることで逆算した調整ができるからだろうと見ています。

有馬記念は来年以降も3歳重視という傾向が続きそうです。

伸びないインを走り伸びあぐねるジャスティンパレスと、外を回して差してきたイクイノックスとボルドグフーシュ。

2022年12月25日　中山11R
有馬記念（GI）芝2500m良

	着	馬名	斤量	位置取り	前走成績	単勝オッズ	人気
○	1	5 ⑨ イクイノックス	55	8-9-6-3	天皇賞秋(G1)1着	2.3	1
▲	2	2 ③ ボルドグフーシュ	55	14-14-15-6	菊花賞(G1)2着	14.1	6
	3	3 ⑤ ジェラルディーナ	55	14-14-11-12	エリザベス女王杯(G1)1着	7.4	3
	4	1 ② イズジョーノキセキ	55	7-7-8-6	エリザベス女王杯(G1)10着	152.0	13
	5	4 ⑦ エフフォーリア	57	5-5-4-3	宝塚記念(G1)6着	10.1	5
	6	4 ⑧ ウインマイティー	55	10-10-11-12	エリザベス女王杯(G1)16着	199.6	15
◎	7	5 ⑩ ジャスティンパレス	55	3-3-4-5	菊花賞(G1)3着	18.9	7
	8	8 ⑯ ディープボンド	57	3-3-2-2	凱旋門賞(G1)18着	37.3	8
	9	7 ⑬ タイトルホルダー	57	1-1-1-1	凱旋門賞(G1)11着	3.6	2
	10	3 ⑥ ヴェラアズール	57	11-11-11-9	ジャパンC(G1)1着	10.0	4
	11	7 ⑭ ボッケリーニ	57	5-5-6-6	ジャパンC(G1)17着	183.8	14
	12	6 ⑫ ポタジェ	57	8-7-8-9	天皇賞秋(G1)13着	136.9	12
	13	6 ⑪ ラストドラフト	57	11-11-8-11	AR共和国杯(G2)5着	215.3	16
	14	2 ④ アリストテレス	57	11-11-11-16	京都大賞典(G2)11着	85.0	10
	15	1 ① アカイイト	55	16-16-15-15	エリザベス女王杯(G1)4着	79.0	9
	16	8 ⑮ ブレークアップ	57	2-2-2-12	AR共和国杯(G2)1着	118.6	11

単勝230円　複勝120円 270円 200円　枠連1,150円
馬連1,320円　ワイド500円 340円 1,030円
馬単1,770円　三連複2,520円　三連単9,740円

重賞穴パターン 05

種牡馬の特徴が出

オークス(GI)

SAMPLE RACE①

2021年5月23日　東京11R　芝2400m良

馬名	性齢	斤量	単勝	人気	前走
1 ① ククナ	牝3	55	31.9	8	4.11 桜花賞(G1)・9人6着
1 ② スルーセブンシーズ	牝3	55	38.3	9	3.28 ミモザ賞(1勝)・1人1着
2 ③ パープルレディー	牝3	55	98.3	12	4.25 フローラS(G2)・3人6着
2 ④ タガノパッション	牝3	55	51.9	10	5.2 スイートピーS(L)・5人1着
3 ⑤ クールキャット	牝3	55	18.6	6	4.25 フローラS(G2)・5人1着
3 ⑥ ウインアグライア	牝3	55	126.8	13	4.25 フローラS(G2)・7人5着
4 ⑦ アカイトリノムスメ	牝3	55	4.5	2	4.11 桜花賞(G1)・4人4着
4 ⑧ ハギノピリナ	牝3	55	215.4	16	5.1 矢車賞(1勝)・3人1着
5 ⑨ ユーバーレーベン	牝3	55	8.9	3	4.25 フローラS(G2)・2人3着
5 ⑩ エンスージアズム	牝3	55	129.8	14	4.11 桜花賞(G1)・15人8着
6 ⑪ ソダシ	牝3	55	1.9	1	4.11 桜花賞(G1)・2人1着
6 ⑫ ミヤビハイディ	牝3	55	399.7	17	4.11 3歳1勝クラス・牝・4人1着
7 ⑬ ファインルージュ	牝3	55	10.4	4	4.11 桜花賞(G1)・8人3着
7 ⑭ ストライプ	牝3	55	413.1	18	4.11 桜花賞(G1)・13人12着
7 ⑮ アールドヴィーヴル	牝3	55	27.6	7	4.11 桜花賞(G1)・5人5着
8 ⑯ ニーナドレス	牝3	55	59.7	11	3.27 君子蘭賞(1勝)・1人1着
8 ⑰ スライリー	牝3	55	174.5	15	4.25 フローラS(G2)・14人2着
8 ⑱ ステラリア	牝3	55	10.9	5	4.11 忘れな草賞(L)・2人1着

週中の見解（netkeiba.comのコラムより）

“潜在的距離適性”を意識してあげることが必要

牡馬路線は2歳時に朝日杯FS（芝1600m）／ホープフルS（芝2000m）が組まれており、1冠目の皐月賞が芝2000mで施行され、2冠目となる日本ダービーが芝2400mで実施されるように比較的距離への適性については陣営も私たちファンも早い段階から見当をつけやすい。

反対に牝馬路線は2歳～3歳春は1600mで桜花賞を最終目標にしていた馬たちが多く、番組編成的にも2歳時に組まれるOP以上の牝馬限定戦はアルテミスS（東京芝1600m）、ファンタジーS（京都芝1400m・2020年は阪神開催）、阪神JF（阪神芝1600m）しかなく、3歳の3月までに組まれている番組もフェアリーS・紅梅S・エルフィンS・クイーンC・チューリップ賞・フィリーズレビュー・アネモネS・フラワーCと、フラワーCを除いて1600m以下戦となっています。

このことが要因で「オークストライアルであるフローラS（芝2000m）は波乱を引き起こしやすい」と当コラムフローラSで考察し、今年も5-14-2番人気での決着となり波乱模様。そして、私自身もウマい馬券デビュー後最高配当を獲得するに至りました。

オークスではフローラSからさらに400mの距離延長となり、この距離に目途が立っている馬はほぼほぼいません。実際に「前走桜花賞組」というクラシックローテを歩んできた馬は2010年以降で（8-4-5-74/91）で勝率8.8%複勝率18.7%、単勝回収率59%の複勝回収率35%に留まっており、他の重賞より“潜在的距離適性”を意識してあげることが必要となっています。

一口に“潜在的距離適性”と言っても、小難しいことを考える必要はなく、ことオークスにおいては**シンプルに種牡馬の色を理解するだけで正解への道を進むことができる**と思っています。

表1、表2は2010年以降の桜花賞／阪神JF・オークスでの種牡馬別成績一覧です。

阪神芝1600mで行われる桜花賞／阪神JFにおいてはディープインパクトをはじめとし、ダイワメジャー、キングカメハメハ、ハーツクライといったいわゆる王道血統が好走率・回収率ともに優秀であることがわかります。

反対にオークスにおいてはキングカメハメハ産駒の（1-1-0-10/12）をはじめ、ハーツクライ産駒が（1-0-1-16/18）と全く走っていないことや、桜花賞／阪神JFでは37頭も出走しているダイワ

表1 阪神JF&桜花賞／種牡馬別成績／2010~2021.4.11

種牡馬	着別度数	勝率	連対率	複勝率	単回値	複回値
ディープインパクト	8-7-4-42/61	13.1%	24.6%	31.1%	82	89
ダイワメジャー	3-2-2-30/37	8.1%	13.5%	18.9%	147	94
クロフネ	2-3-1-15/21	9.5%	23.8%	28.6%	32	158
キングカメハメハ	2-1-2-10/15	13.3%	20.0%	33.3%	86	128
ステイゴールド	1-2-1-11/15	6.7%	20.0%	26.7%	97	80
オルフェーヴル	1-1-0-2/4	25.0%	50.0%	50.0%	102	62
アグネスタキオン	1-0-1-3/5	20.0%	20.0%	40.0%	32	64
Frankel	1-0-1-1/3	33.3%	33.3%	66.7%	93	76
ロードカナロア	1-0-0-8/9	11.1%	11.1%	11.1%	43	15
ウォーエンブレム	1-0-0-1/2	50.0%	50.0%	50.0%	405	150
ヴィクトワールピサ	1-0-0-5/6	16.7%	16.7%	16.7%	83	40
エピファネイア	1-0-0-0/1	100%	100%	100%	420	190
ハーツクライ	0-2-3-15/20	0%	10.0%	25.0%	0	113

メジャー産駒がオークスでは10頭の出走にとどまっており馬券内ゼロという現状や、桜花賞／阪神JFでは21頭出走しているクロフネ産駒もオークスでは5頭のみとなっています。

結果的に桜花賞／阪神JFに出走可能な実績があり、桜花賞／阪神JFでも良く走っていた馬たちが適性の範囲外になったり血統面の配慮からハナからオークスには出走しないという判断をされることで突然馬券内の枠が複数席空く…というのがオークスの大きな特徴となっています。

表2 オークス／種牡馬別成績／2010~2020

種牡馬	着別度数	勝率	連対率	複勝率	単回値	複回値
ディープインパクト	4-4-3-33/44	9.1%	18.2%	25.0%	41	77
キングカメハメハ	1-1-0-10/12	8.3%	16.7%	16.7%	17	25
ゼンノロブロイ	1-0-2-8/11	9.1%	9.1%	27.3%	34	90
ハーツクライ	1-0-1-16/18	5.6%	5.6%	11.1%	54	18
デュランダル	1-0-0-1/2	50.0%	50.0%	50.0%	1860	400
ロードカナロア	1-0-0-0/1	100%	100%	100%	170	110
スズカマンボ	1-0-0-0/1	100%	100%	100%	2850	710
エピファネイア	1-0-0-0/1	100%	100%	100%	160	130
Frankel	1-0-0-0/1	100%	100%	100%	240	130
ハービンジャー	0-1-0-5/6	0%	16.7%	16.7%	0	58
マンハッタンカフェ	0-1-0-4/5	0%	20.0%	20.0%	0	32
ルーラーシップ	0-1-0-4/5	0%	20.0%	20.0%	0	40
スクリーンヒーロー	0-1-0-1/2	0%	50.0%	50.0%	0	210
Monsun	0-1-0-0/1	0%	100%	100%	0	780
バゴ	0-0-1-2/3	0%	0%	33.3%	0	56
ステイゴールド	0-0-1-7/8	0%	0%	12.5%	0	70
クロフネ	0-0-1-4/5	0%	0%	20.0%	0	28
オルフェーヴル	0-0-1-1/2	0%	0%	50.0%	0	60
ゴールドシップ	0-0-1-0/1	0%	0%	100%	0	830

オークス前週までの東京の差しが決まる馬場→NHKマイルC週の芝刈による馬場高速化の影響でイメージ的にクラシック王道血統に意識が集まりがちですが、実際には表の様に桜花賞／阪神JFと比較して血統の幅が広がり分散していることがお判りいただけると思います。

ここ数年の**ディープインパクト・キングカメハメハ世代から次の世代に移り始めた今後はよりオークスでは少し重いのかな?と思える種牡馬の産駒が活躍するのではないでしょうか。**

今年の出走予定馬（表3）は半数8頭が前述のいわゆる桜花賞／阪神JFで走る血統。キズナ産駒の牝馬は、芝2000m以上のOP以上では（2-0-0-21/23）で好走歴は紫苑S（芝2000m）のマルターズディオサと忘れな草賞（芝2000m）のステラリアのみという状況。もちろん現状ではサンプルも少なく上級条件での出走は人気薄が多いことも要因だが、未だにデビュー以来（25-22-21-163/231）、単勝回収率119%、複勝回収率100%というハイスコアを叩き出しているキズナ産駒牝馬・芝においては物足りない成績と言えるだろう。

ディープインパクト産駒のアカイトリノムスメ、キズナ産駒のステラリアやファインルージュ、キングカメハメハ産駒のアールドヴィーヴルやククナ、そしてクロフネ産駒のソダシが売れるであろうメンバー構成において、オッズも込みでの期待値という観点においてはスクリーンヒーロー産駒のクールキャットやゴールドシップ産駒のユーバーレーベンが優位に立てるのではないでしょうか。

表3 2021年オークス出走予定馬の父

馬名	父
アールドヴィーヴル	キングカメハメハ
アカイトリノムスメ	ディープインパクト
ウインアグライア	マツリダゴッホ
エンスージアズム	ディープインパクト
クールキャット	スクリーンヒーロー
ククナ	キングカメハメハ
ステラリア	キズナ
ストライプ	ルーラーシップ
スライリー	オルフェーヴル
スルーセブンシーズ	ドリームジャーニー
ソダシ	クロフネ
タガノパッション	キングカメハメハ
ニーナドレス	ハーツクライ
パープルレディー	ディープインパクト
ハギノピリナ	キズナ
ファインルージュ	キズナ
ホウオウイクセル	ルーラーシップ
ミヤビハイディ	エピファネイア
ユーバーレーベン	ゴールドシップ

週末の予想（ウマい馬券での印・買い目）

メシ馬の予想

11R オークス GI

5月23日(日) 15:40 東京 芝2400m

予想印

◎	18	ステラリア (5人気)
○	9	ユーバーレーベン (3人気)
△	1	ククナ (8人気)
△	2	スルーセブンシーズ (9人気)
△	5	クールキャット (6人気)
△	7	アカイトリノムスメ (2人気)
△	8	ハギノピリナ (16人気)
△	13	ファインルージュ (4人気)
△	15	アールドヴィーヴル (7人気)
△	16	ニーナドレス (11人気)

【ご注意】予想の転載はお控えください

レース結果

着順	印	馬番	馬名	人気(単勝オッズ)
1	○	9	ユーバーレーベン	3人気(8.9倍)
2	△	7	アカイトリノムスメ	2人気(4.5倍)
3	△	8	ハギノピリナ	16人気(215.4倍)

もっとみる ›

買い目

券種・買い目	組み合わせ・点数
単勝 (通常)	9 3,000円 払い戻し：3,000円x8.9倍=26,700円 的中
単勝 (通常)	18 3,000円
馬連 (流し)	軸：9 相手：1 2 5 7 8 13 15 16 18 9通り 各200円 払い戻し 7-9：200円x18.8倍=3,760円 的中
馬連 (流し)	軸：18 相手：1 2 5 7 8 9 13 15 16 9通り 各200円
合計	9,600円

払い戻し・収支

払い戻し金額	収支
30,460円	+20,860円

予想までの経緯や買い目の工夫について

ステラリアが負ける形も想定しつつ ユーバーレーベンとのダブル本命で臨んだ

ステラリアとユーバーレーベンの2頭を本命にした形で買い目を作りました。

ステラリアについては、上からアカイトリノムスメ・アールドヴィーヴル・ククナとハイレベルだったクイーンCで追走に戸惑い、4角15番手から上り最速の脚を使って勝ち馬から0.3秒差の6着。そして、ロングスパート性能が求められる2000mリステッド競走であり、過去ミッキークイーンやラヴズオンリーユー、ウインマイティーなどを輩出したようにオークスと好相性となる忘れな草賞を勝っている点を評価しました。

コラム内ではキズナ牝馬について種牡馬的に物足りないとしましたが、例外として取り上げたようにステラリアには芝2000m以上のOP実績があったため、データを鵜呑みにするのではなく、きちんと個の能力を評価してステラリアを本命にすることにしました。

しかし、レースではまさかの2番手に付ける競馬で大敗。オークスはそもそも差し馬に圧倒的有利なレースなだけに、ソダシに付き合うような形で先行したのは良い競馬とは言えませんでした。

コラムで取り上げていたのはスクリーンヒーロー産駒のクールキャットとゴールドシップ産駒のユーバーレーベンでしたが、前者はステラリアと同じように先行して前で大きくつぶれる形になってしまい、後ろで構えたユーバーレーベンがこのオークスを勝利する結果となりました。

レース予想の中で、〇〇〇〇という理由から本命に推すが、▲▲▲▲の場合は好走できないだろう、と判断する引き出しを事前に持

っておくことは非常に重要です。もし▲▲▲▲の場合で好走できなくても、その馬の評価を下げる必要はありません。そこで評価を下げてしまったら、次の馬券を取り逃してしまうことになってしまいます。

今回の例で言えば、ステラリアの「能力」は評価しつつ、「オークスで不利な先行競馬」をされてしまっては今回での好走はありません。しかし、強いことには変わりなく、能力を評価しているわけですから、当然その後もこの馬を狙うことができます。

実際にメシ馬の例だと、この後エリザベス女王杯でステラリアからの3連複2827.1倍を的中しています。こういった引き出しを事前に用意できていないと、「あのとき本命だったのに今回走るのかよ〜」という、惜しく見えるが永遠に交わることのない世界で悶絶を繰り返すことになってしまうので注意が必要です。予想とはあくまで、**いつ買うのか、いつ買わないのかが一番のキー**になってくることは改めて認識する必要があります。

ソダシが期待値を吸ってくれていたため 本命2頭から手広く買うのが正解だった

話をオークスに戻すと、人気を集めていたソダシが血統的にも桜花賞でのパフォーマンスからも明確に切れる存在であったことから相手には手広く大穴まで拾っていましたが、そのうちの1頭ハギノピリナ（単勝215.4倍）が3着であっただけに、馬連のみという選択は大きく悔やまれました。とはいえ、明確に絞れてもいないだけにワイドという選択肢も期待値的に難しく、3連複も点数と入稿制限（上限1万円）の手前難しかったことを考えると、もう少し穴馬を絞るだけの予想力が必要であったと反省しています。

ただし、あくまで制限がある中での話であって、ソダシ以外の馬で期待値が取れたレースであったので、購入制限がないのであれば3連複を手広く買うで正解だったと思います。それほど、ソダシが期待値を吸っていたレースだったと思います。

ソダシについて

血統的な評価としてもオークスではマイナス評価するタイミングでしたが、さらにソダシのポジションを取れるという大きな武器が差し決着になりやすいオークスではアダとなってしまうこと、また超高速馬場が味方したとはいえ、桜花賞で12.1 - 22.9 - 34.1 - 45.2 - 56.8 - 68.0 - 79.2 - 91.1（34.1-34.3）、1200m通過1.08.0というスプリント決着なみの時計で走れていた点も、スピード＜スタミナとなるオークスでは買えない材料となりました。

買えない要素が多いうえに、自身のストロングポイントまで掻き消されるとなってはいくら自力のある馬でも簡単には好走できず、この馬の1.9倍は逆らって妙味というオッズでした。

期待値について

ソダシの単勝オッズは1.9倍（便宜的に2.0倍とします）。通常このオッズ帯の馬は勝率45%・複勝率80%、単勝オッズはおよそ1.8倍で単勝回収率は81%、複勝オッズ1.1倍で複勝回収率は88%と収束します。その**ソダシが危険であって、勝率・複勝率が半分程度しかないと見積った場合、ソダシの持っている勝率22.5%と複勝率40%が別の馬の好走率に上乗せされることになります。**

その振り分け率は全体オッズの振り分けとほぼ同等ですので、単勝4.5倍のアカイトリノムスメは（80/4.5=17.8%）の分配をされることになります。ソダシから流れた40%のうちの17.8%、つまり40×17.8/100=7.12%がアカイトリノムスメへ分配されることになり、アカイトリノムスメの持つ好走率は従来の4.5倍の馬の勝率である17.8%程度に7.12%上乗せされて、24.9%になります。

結果、アカイトリノムスメは4.5倍×勝率24.9%で見込み回収率は112%となります。

これと同様のことが全馬で発生していたと見れば、全体としてのオッズ妙味が見えやすくなると思います。また、このように**期待値を見ることができれば、本命を1頭に絞ってハズれるというのは単純な機会損失であり、複数頭から馬券を買うのが正解である**ということが理解できると思います。

今後もスタミナのある種牡馬に注目

翌2022年はゴールドシップ産駒がシーグラスしかおらず、さすがに力不足と見て狙いはドゥラメンテ産駒に。

ドゥラメンテ産駒は種牡馬全体で見ても珍しい、距離延長でのパフォーマンスが優秀な種牡馬です。2022年はスターズオンアース、ベルクレスタ、サウンドビバーチェ、ホウオウバニラと4頭出走していて、そのうちベルクレスタとサウンドビバーチェを狙うも、サウンドビバーチェはレース前に放馬してしまい出走取消。ホウオウバニラは出走取消にはならないものの本馬場入場時に一度騎手が下馬するほどイレ込んでしまいレースになりませんでした。結局、残るドゥラメンテ産駒2頭のうちスターズオンアースにあっさり勝たれてしまい不的中となりました。

とはいえ、やはり牝馬のこの距離はどの馬も容易にこなせるものではなく、**来年以降も種牡馬的にスタミナのある馬の好走が見込める**と見ています。

2021年5月23日　東京11R
オークス(GI) 芝2400m良

	着	馬名	斤量	位置取り	前走成績	単勝オッズ	人気
○	1	5 ⑨ ユーバーレーベン	55	12-13-10-8	フローラS(G2)3着	8.9	3
△	2	4 ⑦ アカイトリノムスメ	55	5-7-10-10	桜花賞(G1)4着	4.5	2
△	3	4 ⑧ ハギノピリナ	55	17-17-15-12	矢車賞(1勝)1着	215.4	16
	4	2 ④ タガノパッション	55	16-16-17-16	スイートピーS(L)1着	51.9	10
△	5	7 ⑮ アールドヴィーヴル	55	13-13-13-12	桜花賞(G1)5着	27.6	7
	6	6 ⑫ ミヤビハイディ	55	18-17-17-16	1勝クラス・牝1着	399.7	17
△	7	1 ① ククナ	55	4-2-3-6	桜花賞(G1)6着	31.9	8
	8	6 ⑪ ソダシ	55	2-4-5-6	桜花賞(G1)1着	1.9	1
△	9	1 ② スルーセブンシーズ	55	13-12-12-12	ミモザ賞(1勝)1着	38.3	9
	10	2 ③ パープルレディー	55	15-15-15-16	フローラS(G2)6着	98.3	12
△	11	7 ⑬ ファインルージュ	55	9-9-13-15	桜花賞(G1)3着	10.4	4
	12	8 ⑰ スライリー	55	9-11-8-2	フローラS(G2)2着	174.5	15
◎	13	8 ⑱ ステラリア	55	2-2-2-2	忘れな草賞(L)1着	10.9	5
△	14	3 ⑤ クールキャット	55	1-1-1-1	フローラS(G2)1着	18.6	6
	15	3 ⑥ ウインアグライア	55	7-4-5-8	フローラS(G2)5着	126.8	13
△	16	8 ⑯ ニーナドレス	55	9-9-5-2	君子蘭賞(1勝)1着	59.7	11
	17	7 ⑭ ストライプ	55	5-4-3-2	桜花賞(G1)12着	413.1	18
	18	5 ⑩ エンスージアズム	55	7-7-8-10	桜花賞(G1)8着	129.8	14

単勝890円　複勝250円 190円 2,820円　枠連1,790円
馬連1,880円　ワイド700円 24,940円 14,430円
馬単4,690円　三連複109,190円　三連単532,180円

重賞穴パターン
06

能力よりも馬の状

菊花賞(GI)

SAMPLE RACE①

2022年10月23日　阪神11R　芝3000m良

馬名	性齢	斤量	単勝	人気	前走
1 ① ガイアフォース	牡3	57	3.5	1	9.19　セントライト記念(G2)・3人1着
1 ② シェルビーズアイ	牡3	57	164.4	18	7.30　阿寒湖特別(2勝)・2人4着
2 ③ プラダリア	牡3	57	10.2	5	9.25　神戸新聞杯(G2)・2人8着
2 ④ ボルドグフーシュ	牡3	57	11.5	7	9.25　神戸新聞杯(G2)・4人3着
3 ⑤ ヤマニンゼスト	牡3	57	33.8	10	9.25　神戸新聞杯(G2)・12人2着
3 ⑥ ビーアストニッシド	牡3	57	123.7	15	9.25　神戸新聞杯(G2)・10人9着
4 ⑦ アスクワイルドモア	牡3	57	98.3	14	9.25　神戸新聞杯(G2)・7人10着
4 ⑧ マイネルトルファン	牡3	57	72.7	13	8.20　富良野特別(1勝)・1人1着
5 ⑨ シホノスペランツァ	牡3	57	149.4	17	9.4　3歳以上1勝クラス・2人1着
5 ⑩ セイウンハーデス	牡3	57	61.1	12	9.19　セントライト記念(G2)・7人4着
6 ⑪ ドゥラドーレス	牡3	57	7.0	3	8.14　藻岩山特別(2勝)・1人1着
6 ⑫ ヴェローナシチー	牡3	57	11.1	6	9.25　神戸新聞杯(G2)・3人5着
7 ⑬ ディナースタ	牡3	57	18.8	8	8.20　札幌日刊スポ杯(2勝)・1人1着
7 ⑭ アスクビクターモア	牡3	57	4.1	2	9.19　セントライト記念(G2)・1人2着
7 ⑮ ポッドボレット	牡3	57	144.9	16	10.1　関ケ原S(3勝)・7人6着
8 ⑯ フェーングロッテン	牡3	57	40.1	11	9.4　新潟記念(G3)・3人3着
8 ⑰ ジャスティンパレス	牡3	57	9.7	4	9.25　神戸新聞杯(G2)・5人1着
8 ⑱ セレシオン	牡3	57	24.6	9	8.21　阿賀野川特別(2勝)・1人1着

態面を重視すべき重賞

週中の見解(netkeiba.comのコラムより)

「最も強い馬が勝つ」時代は終わった!?

今年のダービーの見解は以下の様に当コラムにおいて述べていました。

「今年のダービーは皐月賞上位が上位独占になる可能性が非常に高いと見る」

結果的には皐月賞で掲示板に載った馬が着順を変えて1～4着独占という結果になりました。それだけ戦力がハッキリしている世代でしたが、菊花賞へ出走してきたのはアスクビクターモアただ1頭のみ。皐月賞・ダービー連対馬が共に不在となる菊花賞ははるか半世紀以上前のことで、能力的には混戦模様、ようやく波乱を期待して良いレースになったと見ています。

そんな能力混戦の中、菊花賞は能力よりも状態面が結果を大きく左右するレースになっている点は、予想するうえでより重要になりそう。

その背景には**在厩で調整する時代から休み明けでも仕上がる時代に変わってきていることが大きく、いかにフレッシュであるかという観点が非常に大事**になる。

論より証拠ということで、表1を見てもらいたい。

近年ではある条件に該当する馬が毎年のように穴、もしくはあと一歩のところまでの競馬をしている。

表1 菊花賞で〝ある条件〟を満たした馬の成績

年	馬名	人気	着順	前走レース名	前走人気	前走着順
2021年	ディヴァインラヴ	6	3	木曽川特別・2勝C	1	1
2020年	アリストテレス	4	2	小牧特別・2勝C	2	1
2019年	ディバインフォース	16	4	札幌日刊スポ杯・2勝C	4	5
2018年	ユーキャンスマイル	10	3	阿賀野川特別・2勝C	2	1
	シャルドネゴールド	15	7	レインボーS・3勝C	1	2
2016年	レインボーライン	9	2	札幌記念・G2	4	3
2015年	ワンダーアツレッタ	9	14	能勢特別・2勝C	1	1
	マサハヤドリーム	16	18	玄海特別・2勝C	3	1
2014年	ミヤビジャスパー	14	13	野分特別・2勝C	1	1

これは以下の条件に該当した馬。

❶関西馬
❷前走からのレース間隔5週～ 9週
❸前走非セントライト記念出走馬
❹休み明け3戦目まで（休み明け＝間隔10週以上）
❺前走5着内
❻前走馬体重500kg以下

これらの条件の背景には以下のような作用があると見ている。

❶関東馬は輸送のダメージあり
❷レース間隔が詰まるとイレ込みやすくなり、レースで消耗／前走のダメージ癒えず
❸関西馬なのに関東のレースを使った分の輸送消耗
❹使い詰め消耗NG
❺さすがに最低限の能力は必要

❻この長距離戦に筋力不要

2016年以降、この条件に該当する馬が毎年のように激走しているだけに、今年もこの条件に該当する馬を狙いたいところ。

今年この条件に該当する馬は以下の4頭。

ダービー好走組などが軒並み出走しないことで、例年よりも抽選の範囲が広がってしまっている形。

抽選組は3/8ということだが、1頭は抽選をパスしてきそうな確率。また非抽選組で既に2頭も該当馬がいることから、今年はさらにここから細分化した予想が必要となりそうですが、当コラムではここまでとします。

非抽選組	抽選組
セレシオン	シホノスペランツァ
ディナースタ	レッドバリエンテ

週末の予想（ウマい馬券での印・買い目）

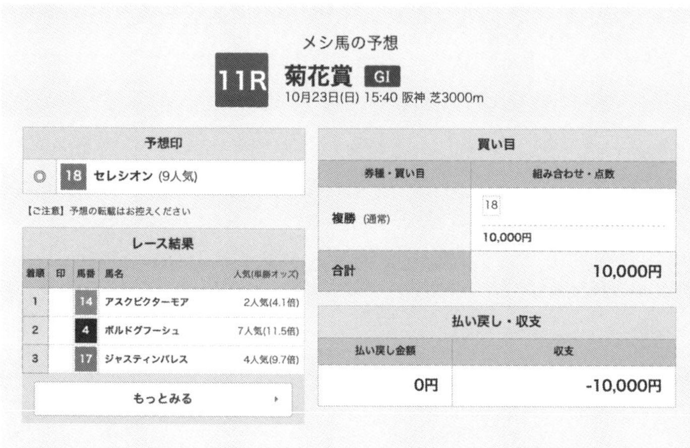
メシ馬の予想

11R 菊花賞 GI
10月23日(日) 15:40 阪神 芝3000m

予想印	
◎	18 セレシオン (9人気)

【ご注意】予想の転載はお控えください

レース結果

着順	印	馬番	馬名	人気(単勝オッズ)
1		14	アスクビクターモア	2人気(4.1倍)
2		4	ボルドグフーシュ	7人気(11.5倍)
3		17	ジャスティンパレス	4人気(9.7倍)

もっとみる

買い目

券種・買い目	組み合わせ・点数
複勝 (通常)	18 10,000円
合計	10,000円

払い戻し・収支

払い戻し金額	収支
0円	-10,000円

予想までの経緯や買い目の工夫について

なぜ複勝1点勝負にしたのか？

コラムで取り上げた条件に該当する馬は以下の3頭でした。

該当馬
- セレシオン
- ディナースタ
- シホノスペランツァ

その中でも捲り競馬ができないと厳しいディナースタは下げ、シホノスペランツァはさすがに能力足らずと見て、セレシオンを本命にしました。

他の選択肢としては予想文にも記載したようにジャスティンパレスの単勝1点という選択肢もありましたが、折合い・枠的に敬遠してしまいました。

実際の予想文から抜粋

好相性と評した中京2200m組になる神戸新聞杯を快勝しているジャスティンパレスは差し決着を前から快勝した能力は高い。折り合い面の課題がなければこの馬◎単勝一本釣りでもよかったほど。

結果的に、セレシオンは超ハイペースを3角前に大外から押して動いていく競馬であっさり沈みました。このペースで前残りしたアスクビクターモアはあっぱれとしか言いようがありませんが、このペースを3角前から外々を動き出して好走できるはずがありません。

おそらくこのあたりはペースの判断云々よりもモタれる馬の特性

を考えて、外から被せられないということを優先した結果なのだと思います。競馬に明るい友人との会話の中で、友人が「長距離戦ではモタれ癖のある馬は不要なロスをするので疑ってます」と言っていましたが、それがまさに現実となった形で、直線の不利等の明確なロスではないからこそ重要な視点かもなと、私も再確認しました。

馬券を複勝1点にしたのは、ガイアフォース・アスクビクターモアはセントライト記念を激走してからのローテでフレッシュさの観点から実力を出し切れない可能性がある点、複勝3番人気のドゥラドーレスは「ダービーに出ていれば好走していただろう！」という空気があまりに大きすぎて過剰人気していた点も含めて、人気決着する可能性は低いと判断し、相手を手広く流すよりは複勝のハネを狙ったほうが相手抜け等も防げると判断したからです。

再確認できた 長距離レースにおけるフレッシュさの重要性

馬券内という意味では何もないものの、コラムで取り上げた条件に該当した3頭のうちの1頭シホノスペランツァ（17番人気・単勝149.4倍）が5着と掲示板に載ってみせただけに、**菊花賞におけるフレッシュさの重要性自体は再度確認できる内容**となりました。来年以降、京都開催の菊花賞に戻ったとしてもこのファクターは有効となりそうです。

なお、2018年以降の芝・長距離（2500m以上）において、同様の考え方をもとに成績を見てみると全く同じではないものの近しい傾向が出ます。

❶前走馬体重500kg以下
❷休み明け3戦目まで
（休み明けの定義は間隔10週以上）（単勝オッズ1～49.9倍）

この2点の条件下では以下のような成績差になり（表2）、本質でフレッシュであることを考えれば、5週以上の間隔をあけて出走してきている馬のほうが優勢……

表2 2018～2022／芝2500m以上／単勝オッズ1～49.9倍／前走馬体重500kg以下／休み明け3戦目まで／レース間隔別成績

間隔	着別度数	勝率	連対率	複勝率	単回値	複回値
連闘	3-1-2-16/22	13.6%	18.2%	27.3%	95	55
2週	10-8-14-89/121	8.3%	14.9%	26.4%	59	65
3週	11-17-18-113/159	6.9%	17.6%	28.9%	40	66
4週	17-19-18-111/165	10.3%	21.8%	32.7%	73	76
5～9週	34-40-43-213/330	10.3%	22.4%	35.5%	79	90
10～25週	70-46-53-338/507	13.8%	22.9%	33.3%	90	89

よって5週～25週の間隔で出走してきた馬の成績を見ると、毎年のように好成績を収めることができているということがわかる。

表3 2018～2022／単勝オッズ1～49.9倍／前走馬体重500kg以下／休み明け3戦目まで／間隔5～25週／年別成績

年	着別度数	勝率	連対率	複勝率	単回値	複回値
2022年	26-21-18-115/180	14.4%	26.1%	36.1%	113	94
2021年	22-14-23-125/184	12.0%	19.6%	32.1%	60	75
2020年	22-17-18-103/160	13.8%	24.4%	35.6%	99	86
2019年	17-16-18-116/167	10.2%	19.8%	30.5%	54	94
2018年	17-18-19-92/146	11.6%	24.0%	37.0%	106	101

このように、馬の能力を見極めることはもちろんのこと、**長距離戦においてはいかにフレッシュであるかということを意識**するだけで戦績ではわからない馬の力関係が見えてきます。

2022年10月23日 阪神11R
菊花賞（GⅠ）芝3000m良

	着	馬名	斤量	位置取り	前走成績	単勝オッズ	人気
	1	7 ⑭ アスクビクターモア	57	2-2-2-1	セントライト記念(G2)2着	4.1	2
	2	2 ④ ボルドグフーシュ	57	12-13-10-4	神戸新聞杯(G2)3着	11.5	7
	3	8 ⑰ ジャスティンパレス	57	8-6-6-4	神戸新聞杯(G2)1着	9.7	4
	4	6 ⑪ ドゥラドーレス	57	12-12-10-9	藻岩山特別(2勝)1着	7.0	3
	5	5 ⑨ シホノスペランツァ	57	16-16-16-13	3歳以上1勝クラス1着	149.4	17
	6	3 ⑤ ヤマニンゼスト	57	14-15-14-13	神戸新聞杯(G2)2着	33.8	10
	7	2 ③ プラダリア	57	9-9-10-12	神戸新聞杯(G2)8着	10.2	5
	8	1 ① ガイアフォース	57	6-6-7-4	セントライト記念(G2)1着	3.5	1
	9	4 ⑦ アスクワイルドモア	57	14-14-14-15	神戸新聞杯(G2)10着	98.3	14
	10	1 ② シェルビーズアイ	57	9-11-10-9	阿寒湖特別(2勝)4着	164.4	18
◎	11	8 ⑱ セレシオン	57	6-6-3-4	阿賀野川特別(2勝)1着	24.6	9
	12	6 ⑫ ヴェローナシチー	57	17-17-16-15	神戸新聞杯(G2)5着	11.1	6
	13	3 ⑥ ビーアストニッシド	57	4-3-3-2	神戸新聞杯(G2)9着	123.7	15
	14	7 ⑬ ディナースタ	57	3-3-3-4	札幌日刊スポ杯(2勝)1着	18.8	8
	15	8 ⑯ フェーングロッテン	57	9-9-7-9	新潟記念(G3)3着	40.1	11
	16	7 ⑮ ボッドボレット	57	4-5-7-17	関ケ原S(3勝)6着	144.9	16
	17	5 ⑩ セイウンハーデス	57	1-1-1-2	セントライト記念(G2)4着	61.1	12
	18	4 ⑧ マイネルトルファン	57	18-18-18-18	富良野特別(1勝)1着	72.7	13

単勝410円　複勝160円 290円 330円　枠連850円
馬連2,030円　ワイド790円 770円 1,920円
馬単3,370円　三連複6,440円　三連単30,010円

重賞穴パターン 06

能力よりも馬の状態面を重視すべき重賞

残念ながら予想は不的中。本命にしたセレシオンは超ハイペースを3角前に大外から動いていく競馬で11着に敗れたが、シホノスペランツァが5着に善戦したことでフレッシュさの重要性は改めて確認できた。

重賞穴パターン 07

昇級馬が通用しや通用しないレース

ローズS（GⅡ）

SAMPLE RACE①

2022年9月18日　中京11R　芝2000m良

馬名	性齢	斤量	単勝	人気	前走	
1 ① セントカメリア	牝3	54	5.3	3	8.7	月岡温泉（2勝）・1人2着
2 ② ブルトンクール	牝3	54	110.3	12	6.12	遊楽部特別（1勝）・7人1着
3 ③ ミナモトフェイス	牝3	54	129.4	14	7.30	未勝利・2人1着
3 ④ パーソナルハイ	牝3	54	12.4	5	5.22	オークス（G1）・11人16着
4 ⑤ ラリュエル	牝3	54	8.4	4	7.16	都井岬特別（1勝）・1人1着
4 ⑥ サリエラ	牝3	54	4.0	2	6.4	3歳以上1勝クラス（牝）・1人1着
5 ⑦ メモリーレゾン	牝3	54	15.9	6	6.11	北海H（2勝）・1人1着
5 ⑧ アートハウス	牝3	54	2.7	1	5.22	オークス（G1）・2人7着
6 ⑨ エグランタイン	牝3	54	19.1	7	8.14	3歳以上1勝クラス（牝）・1人1着
6 ⑩ マイシンフォニー	牝3	54	32.7	10	8.21	3歳以上1勝クラス（牝）・1人2着
7 ⑪ ヴァンルーラー	牝3	54	88.3	11	6.19	三木特別（2勝）・2人2着
7 ⑫ ヒヅルジョウ	牝3	54	31.1	9	8.21	3歳以上1勝クラス（牝）・2人1着
8 ⑬ ベリーヴィーナス	牝3	54	119.7	13	8.14	3歳以上1勝クラス（牝）・5人9着
8 ⑭ ルージュリナージュ	牝3	54	27.3	8	8.20	3歳以上1勝クラス（牝）・2人1着

すいレース、

週中の見解（netkeiba.comのコラムより）

必然的に前走○○出走馬以外を狙うべき

競馬においてＧＩが最もレベルの高いレースであることは、あらためて言うまでもない。

しかし、ＧＩに出走していた馬がはたして本当に強いかというと必ずしもそうはならない。あげく、ＧＩに出走していた馬がＧⅡ・ＧⅢの格下条件に出走してきた際、必ずしも好走をするかといえばそうはならないし、馬券的に儲かるかという観点でみれば買いにくい存在にすらなってしまうこともある。

表1 2012～／GⅡ·GⅢ／前走GI出走馬／単勝オッズ1～49.9倍／最少レース機会数20以上／レース別成績（複勝回収率トップ10）

レース名	着別度数	勝率	連対率	複勝率	単回値	複回値
函館スプリントS	5-3-3-29/40	12.5%	20.0%	27.5%	217	132
ラジオNIKKEI賞	0-4-3-21/28	0%	14.3%	25.0%	0	128
阪神大賞典	6-6-2-8/22	27.3%	54.5%	63.6%	75	120
京都記念	5-5-8-20/38	13.2%	26.3%	47.4%	153	117
阪神C	6-7-6-37/56	10.7%	23.2%	33.9%	90	115
セントライト記念	6-5-5-22/38	15.8%	28.9%	42.1%	78	112
京都大賞典	5-5-8-20/38	13.2%	26.3%	47.4%	119	110
オールカマー	6-4-2-12/24	25.0%	41.7%	50.0%	151	105
目黒記念	1-1-3-16/21	4.8%	9.5%	23.8%	41	102
東京新聞杯	4-2-2-15/23	17.4%	26.1%	34.8%	189	100

集計期間：2012年1月5日～2022年9月4日

表1はＧⅡ・ＧⅢにおける前走ＧＩ出走馬の成績をレース毎にまとめたもの。それぞれのレースにそれぞれ要因があってこのような結

果となっているが、今回はこちらを見ていただきたい。

表2 2012～／GⅡ・GⅢ／前走GI出走馬／単勝オッズ1～49.9倍／最少レース機会数20以上／レース別成績（複勝回収率ワースト10）

レース名	着別度数	勝率	連対率	複勝率	単回値	複回値
中山金杯	1-1-1-18/21	4.8%	9.5%	14.3%	40	30
ローズS	7-3-3-40/53	13.2%	18.9%	24.5%	49	42
京都金杯	2-3-1-18/24	8.3%	20.8%	25.0%	22	46
日経新春杯	6-1-0-21/28	21.4%	25.0%	25.0%	100	46
毎日王冠	5-5-3-32/45	11.1%	22.2%	28.9%	25	49
愛知杯	3-3-3-39/48	6.3%	12.5%	18.8%	87	56
京成杯AH	1-2-2-15/20	5.0%	15.0%	25.0%	14	58
金鯱賞	5-3-4-26/38	13.2%	21.1%	31.6%	52	62
クイーンC	3-3-3-12/21	14.3%	28.6%	42.9%	24	66
中京記念	2-3-1-24/30	6.7%	16.7%	20.0%	67	70

こちらはGⅡ・GⅢにおける前走GⅠ出走馬の成績ワースト10。

そのブービーに今回のローズSが位置していて、全重賞をひっくるめた中でも前走GⅠ組の成績が良くないことがわかる。また、前走GⅠ組は毎年5頭程出走していてサンプル数も抜きん出ていることからもローズSにおける前走GⅠ組の扱いの重要さは全重賞一である。

とはいえ、過去10年のうち勝ち馬は7頭が前走GⅠ組なだけに、基本的に前走GⅠ組が強い構図は変わっていないものの、馬券的には儲からないということがハッキリ見て取れる。

前走GⅠ組の回収率が悪い≒別路線組の成績が良いということになるだけに、必然的にローズSでは前走のGⅠ出走馬以外を狙うべきという結論に至る。

実際に、前走1勝・2勝クラスから挑んでくる馬と前走3勝クラス～GⅠから挑んでくる馬では複勝回収率はもとより、複勝率ベースでも及ばない結果となる（表3、表4）。

昇級馬が通用しやすいレース、通用しないレース

表3 2012〜2021／ローズS／単勝オッズ1〜49.9倍／前走クラス別成績

前走クラス	着別度数	勝率	連対率	複勝率	単回値	複回値
1勝C	3-2-1-16/22	13.6%	22.7%	27.3%	201	116
2勝C	0-2-4-13/19	0%	10.5%	31.6%	0	145
3勝C	0-0-0-1/1	0%	0%	0%	0	0
OPEN非L	0-0-0-2/2	0%	0%	0%	0	0
GⅢ	0-0-0-2/2	0%	0%	0%	0	0
GⅡ	0-0-0-1/1	0%	0%	0%	0	0
GⅠ	7-3-3-40/53	13.2%	18.9%	24.5%	49	42

※前走地方は除く

表4 2012〜2021／ローズS／単勝オッズ1〜49.9倍／前走クラス別成績

前走クラス	着別度数	勝率	連対率	複勝率	単回値	複回値
1勝C・2勝C	3-4-5-29/41	7.3%	17.1%	29.3%	108	130
3勝C〜GⅠ	7-3-3-46/59	11.9%	16.9%	22.0%	44	37

※前走地方は除く

表5 2012〜2021／ローズS／単勝オッズ50.0倍〜／前走クラス別成績

前走クラス	着別度数	勝率	連対率	複勝率	単回値	複回値
未勝利	0-1-0-3/4	0%	25.0%	25.0%	0	737
1勝C	0-1-1-20/22	0%	4.5%	9.1%	0	145
2勝C	0-0-1-9/10	0%	0%	10.0%	0	153
3勝C	0-0-0-1/1	0%	0%	0%	0	0
OPEN非L	0-0-0-1/1	0%	0%	0%	0	0
GⅢ	0-0-0-3/3	0%	0%	0%	0	0
GⅡ	0-1-0-2/3	0%	33.3%	33.3%	0	293
GⅠ	0-0-0-8/8	0%	0%	0%	0	0

※前走地方は除く

表6 2012〜2021／ローズS／単勝オッズ50.0倍〜／前走クラス別成績

前走クラス	着別度数	勝率	連対率	複勝率	単回値	複回値
未勝利	0-1-0-3/4	0%	25.0%	25.0%	0	737
1勝C・2勝C	0-1-2-29/32	0%	3.1%	9.4%	0	147
3勝C〜GⅠ	0-1-0-15/16	0%	6.3%	6.3%	0	55

※前走地方は除く

また、単勝50倍以上の大穴においても傾向は同様（表5、表6）。**ローズSは前走条件戦組から穴を狙って、その馬の複勝（複勝系馬券）に最も妙味がある特殊な重賞**なのである。

今回の出走予定馬では前走条件戦組が例年に比べてかなり多いが、人気する馬は儲からないというローズSでの本質を考えればサリエラは前走条件戦組でも儲かる部類に入らない。初右回り、初輸送、初多頭数など初物尽くしの前走条件戦組の馬が過剰人気するならば、右回り経験済み、輸送経験済み、多頭数経験済みの前走ＧＩ出走馬を買った方が不確定要素による3着外になるリスクは少ない。

よって買うべきは人気のない前走条件戦組馬であり、当コラムではチューリップ賞7着経由のラリュエルをピックアップします。

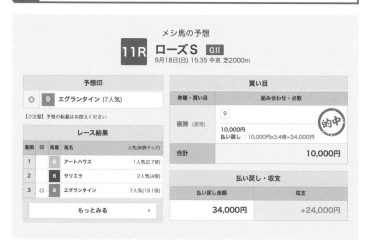

週末の予想（ウマい馬券での印・買い目）

メシ馬の予想

11R ローズS GII
9月18日(日) 15:35 中京 芝2000m

予想印

◎ 9 エグランタイン (7人気)

【ご注意】予想の転載はお控えください

レース結果

着順	印	馬番	馬名	人気(単勝オッズ)
1		8	アートハウス	1人気(2.7倍)
2		6	サリエラ	2人気(4倍)
3	◎	9	エグランタイン	7人気(19.1倍)

もっとみる

買い目

券種・買い目	組み合わせ・点数
複勝 (通常)	9 10,000円 払い戻し ：10,000円x3.4倍=34,000円 的中
合計	10,000円

払い戻し・収支

払い戻し金額	収支
34,000円	+24,000円

予想までの経緯や買い目の工夫について

3歳夏のパフォーマンスから大物候補を見つける方法

コラムでは、人気のない前走条件戦組馬を買うべきとしてラリュエルを推奨馬としましたが、蓋を開けてみればハイレベル・チューリップ賞はバレバレで4番人気になっていました。

それならば別の前走条件戦組馬を狙うべきですが、今年は前走条件組が多く12頭もいました。

そこから、サリエラ（当日2番人気）、セントカメリア（当日3番人気）、ラリュエル（当日4番人気）を除いたとしても9頭いたので、条件戦組の中からハイレベルレース、もしくは内容が最も充実している馬を選ぶことに専念しました。

そこで該当したのはメモリーレゾンとエグランタイン。

メモリーレゾンは古馬との初混合戦の2勝クラスを一発回答で勝利した点はもちろんですが、3歳6月～9月という急成長過程の初期にあたる6月に勝利した点を評価しました。

メモリーレゾンの戦績

日付	レース名	コース	人気	着順	位置取り	着差
2022/6/11	北海ハンデC（2勝C）	函館芝1800良	1	1	10-11-10-8	-0.2
2022/4/3	3歳1勝クラス	阪神芝1600良	5	1	5-4	-0.1
2022/3/21	フローラルW賞（1勝C）	中京芝1600良	3	4	7-7-7	0.5
2022/2/5	3歳未勝利	小倉芝1200良	2	1	15-14	-0.1
2022/1/16	3歳新馬	小倉芝1200良	0	2	11-11	0

3歳6月の1～2週目において、3歳以上2勝クラスの芝中距離で3着以内歴があるのは2012年以降で表7の11頭のみで、2022年の該当馬はメモリーレゾンの他にボルドグフーシュとドゥラドーレスが

いました。後者2頭はこの後菊花賞2着と4着、メモリーレゾンは秋華賞4着なのですから、**3歳早期に古馬との戦いで実績を残すことは能力の高さの証明になります。**

表7 2012~2022／6月1~2週目／3歳以上2勝クラス／芝1800m以上／3歳馬／1~3着

日付	レース名	コース	馬名	斤量	人気	着順
2022/6/11	北海H	函館芝1800良	メモリーレゾン	51	1	1
2022/6/5	ホンコンJCT	東京芝2000良	ドゥラドーレス	54	1	3
2022/6/5	一宮特別	中京芝2200良	ボルドグフーシュ	53	1	1
2021/6/6	ホンコンJCT	東京芝2000良	アルビージャ	54	2	1
2020/6/14	洞爺湖特別	函館芝1800良	オーロラフラッシュ	52	1	2
2020/6/6	三木特別	阪神芝1800良	ソニックベガ	52	2	2
2016/6/12	三田特別	阪神芝2200良	ジュンヴァルカン	53	1	1
2015/6/14	三田特別	阪神芝2200良	グランアルマダ	52	5	2
2015/6/6	三木特別	阪神芝1800良	ムーンクレスト	53	3	2
2014/6/7	三木特別	阪神芝1800良	エイシンヒカリ	54	1	1
2013/6/1	三木特別	阪神芝1800良	ダイナミックガイ	53	4	3

最終的に本命はエグランタインにしましたが、以下のような理由で推奨しました。

2走前の1勝クラス（都井岬特別）の勝ち馬がラリュエルですが、そもそもラリュエルはプレサージュリフト・スターズオンアース・ベルクレスタに次ぐクイーンC4着、オークスで活躍したナミュール・ピンハイ、マイル路線で活躍したサークルオブライフ・ウォーターナビレラを相手にチューリップ賞7着で能力は足りている馬です。そのラリュエルが逃げて61.5-57.5（後4F45.9）という完璧にコントロールした競馬の中で、62.1-57.1（後4F45.6）で迫ったエグランタインは強いですし、なにより後半で速い時計を刻みながらかなり外を回されてこのパフォーマンスは評価できます。

また、勝ち上がった前走は同日メインが小倉記念でした。小倉記念4着のカテドラルがおおよそ59.9-58.7（後4F46.9）で走っている馬場で、エグランタインは61.0-58.6（後4F46.6）。上がり3Fを見てもカテドラルが35.1でエグランタインが34.6ですから、普通にそのレベルで足りていたパフォーマンスだったと思いますし、小倉記念51kgのムジカとの比較で考えても、52kgエグランタインは十分にやれていたはずで、小倉記念での前半負荷分1秒分が正しく考慮できていないとしても、パフォーマンスとして3勝クラスで活躍できるだけのものは見せていました。

エグランタインの戦績

日付	レース名	コース	人気	着順	位置取り	着差
2022/8/14	3歳以上1勝クラス	小倉芝2000良	1	1	2-2-2-2	-0.5
2022/7/16	都井岬特別（1勝C）	小倉芝2000良	8	2	6-6-6-3	0.2
2022/4/24	3歳未勝利	福島芝2000良	15	1	3-3-3-2	0
2022/3/12	3歳未勝利	阪神芝2000良	12	8	15-15-13-14	1.8
2022/2/20	3歳未勝利	阪神芝1800稍	14	12	11-11	1.8
2022/1/22	3歳未勝利	小倉芝1800良	14	11	15-15-15-14	1.8
2021/10/31	2歳新馬	阪神芝1600良	14	10	14-13	2

3歳馬が夏期の芝中距離3勝クラスで活躍するというのはパフォーマンスとしては相当なもので、2022年はウインエクレール（クイーンC6着馬）のSTV賞2着しかありませんでした。

当然重賞でもハードルは高く、ピースオブエイト（小倉記念5着）やウォーターナビレラ（クイーンS10着）が着外に敗れ、通用したのはフェーングロッテン（新潟記念3着）のみ（フェーングロッテンは足りると思っていなかったものの、勝ったラジオNIKKEI賞自体はクラシック路線上位馬をはじめ下位までずらっと重賞活躍馬が並んでいて、牡馬の世代最上位層とも言えるだけに理解の範疇でした）。また、OPで見てもシンザン記念でマテンロウオリオン（NHKマイルC2着）とタイム差なしの2着だったソリタリオが7着と跳ね返されていました。

過去、夏期に芝中距離の3勝クラスで通用した3歳馬は、アナザーリリック（秋華賞直行7着）、グローリーヴェイズ（菊花賞直行5着）、リアファル（神戸新聞杯勝ち・菊花賞3着）などがいます。いずれも夏期の早い時期に3勝クラスで通用しその後重賞を勝っているだけに、7月2週で3勝クラスレベルに踏み入れ、8月2週で3勝クラス突破レベルにたどり着いたエグランタインも相当な器であるはずだと推測したというわけです。

このレースはウマい馬券で滅多に入れない「自身あり！」での推奨にしたぐらい自信がありましたし、予想としても納得の内容でした（※「自信あり」はエグランタインと神戸新聞杯のジャスティンパレスで適用）。

秋華賞でも善戦したことで再確認

馬券を複勝にしたのは、条件戦組が多いため相手を絞りにくく、大波乱の可能性まであったことも要因の一つですが、相当な自信があったので相手云々で取りこぼしたくなかったというのが最も大きな理由です。ウマい馬券では各レースの上限が1万円と決められている点がまた難しい所ではありますが……。

この後、秋華賞ではメモリーレゾンが4着（13番人気）でエグランタンが6着（11番人気）だったわけですが、メモリーレゾンはローズSが休養明け1戦目、エグランタインは夏に使ってからのローズSだったという状態面の差が出た形でした。とはいえ、ローズS前の見立て通りメモリーレゾン・エグランタインはやはり重賞級であって、**夏期の古馬との戦いの中で成長を見せた馬にオッズ的妙味が眠っている**ことを再確認できたレースとなりました。

2022年9月18日　中京11R
ローズS（GII）芝2000m良

	着	馬名	斤量	位置取り	前走成績	単勝オッズ	人気
	1	5 ⑧ アートハウス	54	4-4-5-3	オークス(G1)7着	2.7	1
	2	4 ⑥ サリエラ	54	9-9-11-10	3歳以上1勝クラス(牝)1着	4.0	2
◎	3	6 ⑨ エグランタイン	54	8-8-8-8	3歳以上1勝クラス(牝)1着	19.1	7
	4	4 ⑤ ラリュエル	54	2-2-2-2	都井岬特別(1勝)1着	8.4	4
	5	5 ⑦ メモリーレゾン	54	7-6-6-6	北海H(2勝)1着	15.9	6
	6	8 ⑭ ルージュリナージュ	54	12-14-11-10	3歳以上1勝クラス(牝)1着	27.3	8
	7	6 ⑩ マイシンフォニー	54	12-12-14-13	3歳以上1勝クラス(牝)2着	32.7	10
	8	7 ⑫ ヒヅルジョウ	54	6-6-6-6	3歳以上1勝クラス(牝)1着	31.1	9
	9	1 ① セントカメリア	54	12-12-11-13	月岡温泉(2勝)2着	5.3	3
	10	7 ⑪ ヴァンルーラー	54	11-11-8-8	三木特別(2勝)2着	88.3	11
	11	3 ④ パーソナルハイ	54	1-1-1-1	オークス(G1)16着	12.4	5
	12	8 ⑬ ベリーヴィーナス	54	3-4-3-3	3歳以上1勝クラス(牝)9着	119.7	13
	13	2 ② ブルトンクール	54	4-3-3-3	遊楽部特別(1勝)1着	110.3	12
	14	3 ③ ミナモトフェイス	54	9-9-8-10	未勝利1着	129.4	14

単勝270円　複勝130円 170円 340円　枠連430円
馬連900円　ワイド390円 830円 1,850円
馬単1,630円　三連複5,360円　三連単17,780円

重賞
穴パターン
08

ローテーションが

エリザベス女王杯(GI)

SAMPLE RACE①

2021年11月14日　阪神11R　芝2200m良

馬名		性齢	斤量	単勝	人気	前走
1 ① レイパパレ	西	牝4	56	2.9	1	9.26 オールカマー(G2)・1人4着
1 ② クラヴェル	西	牝4	56	46.9	9	9.5 新潟記念(G3)・2人3着
2 ③ アカイトリノムスメ	東	牝3	54	3.4	2	10.17 秋華賞(G1)・4人1着
2 ④ イズジョーノキセキ	西	牝4	56	118.3	12	10.17 西宮S(3勝)・3人2着
3 ⑤ ステラリア	西	牝3	54	25.1	7	10.17 秋華賞(G1)・9人6着
3 ⑥ ランブリングアレー	西	牝5	56	12.3	6	9.26 オールカマー(G2)・4人7着
4 ⑦ シャムロックヒル	西	牝4	56	127.7	13	8.1 クイーンS(G3)・10人9着
4 ⑧ テルツェット	東	牝4	56	9.6	4	8.1 クイーンS(G3)・3人1着
5 ⑨ ウインマリリン	東	牝4	56	5.5	3	9.26 オールカマー(G2)・2人1着
5 ⑩ ムジカ	西	牝4	56	208.7	15	10.24 新潟牝馬S(OP)・3人3着
6 ⑪ ソフトフルート	西	牝4	56	74.2	11	10.24 新潟牝馬S(OP)・2人2着
6 ⑫ デゼル	西	牝4	56	40.4	8	10.16 府中牝馬S(G2)・2人16着
7 ⑬ リュヌルージュ	西	牝6	56	372.1	17	10.24 新潟牝馬S(OP)・7人6着
7 ⑭ ロザムール	東	牝5	56	137.7	14	9.26 オールカマー(G2)・9人10着
8 ⑮ ウインキートス	東	牝4	56	9.7	5	9.26 オールカマー(G2)・5人2着
8 ⑯ アカイイト	西	牝4	56	64.9	10	10.16 府中牝馬S(G2)・12人7着
8 ⑰ コトブキテティス	東	牝4	56	229.6	16	10.1 六社S(3勝)・7人1着

重要視される重賞

週中の見解（netkeiba.comのコラムより）

ベタに買い続けるだけで勝ち越せるシンプルなファクターとは!?

エリザベス女王杯はＧＩの中で最も顕著に傾向が出やすいＧＩであるというのが持論。

まずは過去10年の所属別の成績を見てみると圧倒的に関西馬が優勢なレースであるということがわかる。関東馬が好走した例は、三冠牝馬アパパネ（4番人気3着）、ヌーヴォレコルトの2014年／2015年（共に1番人気2着）、伏兵の立場では重馬場の鬼だったレインボーダリア（7番人気1着）と、その後宝塚記念でドゥラメンテとキタサンブラックに勝ち切ったマリアライト（6番人気1着）の5度のみということになる。

表1 2011～2020／エリザベス女王杯／所属別成績

所属	着別度数	勝率	連対率	複勝率	単回値	複回値
美浦	2-2-1-43/48	4.2%	8.3%	10.4%	79	26
栗東	7-8-9-100/124	5.6%	12.1%	19.4%	30	60

※2011年は外国馬スノーフェアリーが1着

これはやはりバイオリズム的に**牝馬のピークは夏の暖かい時期にあるため、夏は活躍できるも気温が下がってきたこの時期に状態面の低下に加えて、輸送という精神面での負荷もかかるために活躍しにくい**という背景があるのだろう。

では、むやみやたらに関西馬を狙うのかというと、当然それでは該当馬が多すぎてなんの参考にもならない。では、どうすればよいかという裏をとる。つまり、前述の今回輸送があることで状態面の低下が見られること→前回輸送から今回輸送無しでの状態面の負荷をケアしてあげるということ。

文章だとどうしてもわかりにくくなってしまうので、まとめたものを提示する（表2）。

表2 2011～2020／エリザベス女王杯／関西馬／前走東京／単勝オッズ1～49.9倍／年度別成績

年	着別度数	勝率	連対率	複勝率	単回値	複回値
2020年	0-1-1-0/2	0%	50.0%	100%	0	240
2019年	1-1-1-1/4	25.0%	50.0%	75.0%	135	165
2018年	1-1-0-0/2	50.0%	100%	100%	235	370
2017年	0-1-0-2/3	0%	33.3%	33.3%	0	210
2016年	1-0-1-0/2	50.0%	50.0%	100%	305	190
2015年	0-0-0-2/2	0%	0%	0%	0	0
2014年	0-0-1-2/3	0%	0%	33.3%	0	106
2013年	0-0-1-1/2	0%	0%	50.0%	0	235
2012年	0-0-0-2/2	0%	0%	0%	0	0
2011年	0-0-0-2/2	0%	0%	0%	0	0
計	3-4-5-12/24	12.5%	29.2%	50.0%	67	153

ご覧の通りたったこれだけのシンプルなファクターに該当する馬全頭の複勝をベタに買い続けるだけで、エリザベス女王杯においては直近10年のうち7年当たり前のように勝ち越すことができていることになる。今年の該当馬はデゼルとアカイイトの2頭。今年もこの2頭の存在には注目が必要でしょう。

この2頭だけでデータに素直に従うのも良いが、そこは頭を少し捻りたい。この前走東京という条件は、正しくは関西馬が前走輸送でのマイナス面があったことに起因している。そのため前走新潟や中山という条件も含まれるべき。

とはいえ、この時期に新潟を使われた馬は主場で行われるメンバーより1枚実力が落ちるという判断ができる。対して中山はサンプルが2頭しかない。うち1頭はセンテリュオの5着なのだが、その時（2020年）の上位は牡馬相手にも通用していたラッキーライラック、有馬記念でクロノジェネシスをあわやというところまで追い込んだサラキア、そしてQE2世CやBCF＆Mターフまで勝ち切った名牝ラヴズオンリーユーと錚々たる中での5着だった。

メンバーが違えばという結果だったと判断できるので、前走中山も含めて良いとの判断が合理的。そこまで踏まえると候補にランブリングアレーが該当するわけだが、デゼルが条件的にアンマッチだと思っているので、デゼル＜ランブリングアレーという評価にしたい。

また、昨年（2020年）のメンバーレベルが高いという観点に触れたので軽く記載しておくと、不利な関東馬の立場で昨年のこのレースで4着に走ったウインマリリンは、昨年の秋華賞からのローテと違い、今年はオールカマーからのローテになる。今回のコラムで扱った輸送のダメージという点を考慮すると、昨年以上の結果が見込めそうで、人気でも信頼できる馬だと見ている。

週末の予想（ウマい馬券での印・買い目）

メシ馬の予想

11R エリザベス女王杯 GI

11月14日(日) 15:40 阪神 芝2200m

予想印		
◎	6	ランブリングアレー (6人気)
○	5	ステラリア (7人気)
▲	3	アカイトリノムスメ (2人気)
△	1	レイパパレ (1人気)
△	2	クラヴェル (9人気)
△	4	イズジョーノキセキ (12人気)
△	8	テルツェット (4人気)
△	9	ウインマリリン (3人気)
△	10	ムジカ (15人気)
△	12	デゼル (8人気)
△	16	アカイイト (10人気)

【ご注意】予想の転載はお控えください

着順	印	馬番	馬名	人気(単勝オッズ)
1	△	16	アカイイト	10人気(64.9倍)
2	○	5	ステラリア	7人気(25.1倍)
3	△	2	クラヴェル	9人気(46.9倍)

レース結果

もっとみる

買い目

券種・買い目	組み合わせ・点数
3連複（フォーメーション）	馬1：6 馬2：1 2 3 5 9 馬3：1 2 3 4 5 8 9 10 12 16 35通り 各100円
3連複（フォーメーション）	馬1：5 馬2：1 2 3 9 馬3：1 2 3 4 5 8 9 10 12 16 26通り 各100円 払い戻し 2-5-16：100円x2827.1倍=282,710円 的中
3連複（フォーメーション）	馬1：3 馬2：1 4 5 6 12 16 馬3：1 3 4 5 6 8 9 10 12 16 33通り 各100円
合計	9,400円

払い戻し・収支

払い戻し金額	収支
282,710円	+273,310円

予想までの経緯や買い目の工夫について

2～5番人気の関東馬に妙味がなく 1番人気レイパパレも過剰に売れていた

まず大前提としてコラムで取り上げたように、「関東馬不利」な条件において関東馬がアカイトリノムスメ（2番人気）、ウインマリリン（3番人気）、テルツェット（4番人気）、ウインキートス（5番人気）と上位人気を独占。1番人気のレイパパレは関西馬ですが、前走のオールカマーでウインマリリン・ウインキートスに完敗し、ランブリングアレー（6番人気）とも0.2差で大きな差がありませんでした。

それならば、コラムで推奨した「関西馬で前哨戦に関東を使った馬」という条件に該当したランブリングアレーが足りるのではないかということで本命にしました。

どストレートな評価方法ですが、オールカマーでウインマリリンは別格だったとして、ウインキートス・レイパパレとは0.3程度しか差がありません。今回、ウインキートスとは輸送の有無で、レイパパレとはオールカマーが前残り戦だった中でレイパパレが前、ランブリングアレーが後ろだったので展開の差での逆転がありえます。その上でレイパパレ（複勝1.3～）、ウインキートス（複勝2.3～）、ランブリングアレー（複勝2.3～）のオッズの差と確率の差を考えました。今回であれば、レイパパレはウインキートス、ランブリングアレーの1.8倍近く好走すると見られていることになりますが、果たしてそれだけの好走率があるのかを考えるということです。

このオッズを見る限り、レイパパレは過剰に売れていたと見て良いでしょう。そういったオッズの観点からも**このレースは1～5番人気までがオッズ的妙味を損失しているレースだった**と言え、大波乱の結果になったのも当然とも言えます。

これは日本の競馬ファンの作るオッズが非常に優秀であることから有効な手段になります。ただ、入稿段階ではランブリングアレーの複勝は3.0倍以上つくと思っていて、「レイパパレの2.3倍くらいついてるならば」という考えでの本命だったので、見込みオッズと確定オッズが大きくズレてしまいましたが……。

大波乱まで見込めるため人気目の馬から手広く買うという戦略

コラム内のデータで取り上げた「前走東京コースを使っていた関西馬」という条件にはアカイイトとデゼルの2頭が該当していただけに、やや捻った形になりましたが、関東馬が人気を集めている状況であれば大波乱まで見込めるとして、軸には人気目の馬を置き、紐で手広く買うという戦略にしました。1～5番人気を嫌うのであれば、その時点で6、7番人気がもっとも好走率と期待値のバランスが高くなるのは必然です（※これは1万円＝3連複100点までしか買えないウマい馬券上での戦略であって、制限なく買うのであれば存分に人気薄から買えば良い）。

ステラリア（7番人気）はオークスで本命を打ち、展開バイアスに逆らった騎乗で大きく敗戦してしまったものの、敗因が明確であったため、ここで狙い撃ちすることができました。

ランブリグアレーとステラリアを3連複の軸にしたのは問題ないのですが、3頭目の軸をアカイトリノムスメにしたのは少し弱気になり過ぎで反省すべき点。ここはコラムで取り上げたアカイイトを積極的に採用していくべきでした。

アカイトリノムスメにしたのはやはりレイパパレが過剰人気し、ウインマリリンとウインキートス、テルツェットという4頭が期待値をかなり吸い上げていた中で、国枝厩舎のアカイトリノムスメは比較的安パイに見えたからです。

というのも、同じように関東馬不利、関西馬有利の秋華賞において国枝厩舎は関東の厩舎ながら毎年のように好走馬を出しており、実際にこのアカイトリノムスメも関東馬ながら関西遠征をものともせず、秋華賞を勝利しました。「そんな馬が1番人気でないなら」という、強くポジティブでない理由で3頭目の軸にしてしまっていたのです。それならばしっかりと根拠を持つアカイトにすべきでした。

一見、失敗に見えるが、本質はまとまっていた

また、2列目で拾っていたクラヴェル（2列目で拾っていなければ縦目だったので肝）は、コラムで書いた「本質は輸送なので前走新潟や中山組も該当させるべき」という項目に該当していたので5番手評価としました。

コラムでは前走東京組が優秀としてデゼルとアカイトを該当馬に挙げつつも、前走東京以外もサンプルがないだけで、本質を理解したら前走中山・新潟組も買うべきと前走中山組のランブリングアレーを本命に推しました。一見、失敗のように見えますが、**28万馬券的中の陰の立役者となったのは、前走新潟組の関西馬ということで評価をしていたクラヴェルでした。**

これらは本質を理解していなければバラバラに見えるピースの中で波乱が起きただけですが、こうして本質を理解していれば、きちんと馬券として最後はまとまるという良い例になった気がします。

ただ、ここでの印は◎ランブリングアレー、○ステラリアは良いとして、▲はアカイトかクラヴェルにすべきだったと反省です。

2021年11月14日　阪神11R
エリザベス女王杯（GⅠ）芝2200m良

	着	馬名		斤量	位置取り	前走成績	単勝オッズ	人気
△	1	8 ⑯ アカイイト	西	56	13-13-13-7	府中牝馬S（G2）7着	64.9	10
○	2	3 ⑤ ステラリア	西	54	7-8-8-9	秋華賞（G1）6着	25.1	7
△	3	1 ② クラヴェル	西	56	14-14-13-12	新潟記念（G3）3着	46.9	9
	4	6 ⑪ ソフトフルート	西	56	15-15-15-12	新潟牝馬S（OP）2着	74.2	11
△	5	2 ④ イズジョーノキセキ	西	56	7-7-5-7	西宮S（3勝）2着	118.3	12
△	6	1 ① レイパパレ	西	56	4-4-3-2	オールカマー（G2）4着	2.9	1
▲	7	2 ③ アカイトリノムスメ	東	54	5-4-5-3	秋華賞（G1）1着	3.4	2
△	8	6 ⑫ デゼル	西	56	11-11-12-12	府中牝馬S（G2）16着	40.4	8
◎	9	3 ⑥ ランブリングアレー	西	56	9-9-5-3	オールカマー（G2）7着	12.3	6
	10	8 ⑮ ウインキートス	東	56	9-10-8-9	オールカマー（G2）2着	9.7	5
△	11	4 ⑧ テルツェット	東	56	12-11-8-9	クイーンS（G3）1着	9.6	4
△	12	5 ⑩ ムジカ	西	56	15-15-15-15	新潟牝馬S（OP）3着	208.7	15
	13	8 ⑰ コトブキテティス	東	56	15-17-15-15	六社S（3勝）1着	229.6	16
	14	7 ⑬ リュヌルージュ	西	56	5-4-11-15	新潟牝馬S（OP）6着	372.1	17
	15	4 ⑦ シャムロックヒル	西	56	1-1-1-1	クイーンS（G3）9着	127.7	13
△	16	5 ⑨ ウインマリリン	東	56	3-3-3-3	オールカマー（G2）1着	5.5	3
	17	7 ⑭ ロザムール	東	56	2-2-2-3	オールカマー（G2）10着	137.7	14

単勝6,490円　複勝1,180円 650円 810円　枠連2,610円
馬連51,870円　ワイド9,600円 15,440円 7,450円
馬単137,500円　三連複282,710円　三連単3,393,960円

2022年エリザベス女王杯は強烈な外バイアスの影響で参考外

2022年のエリザベス女王杯は雨の影響による強烈な外バイアスが発生し、掲示板内はすべて二桁馬番という決着になりました。

ウインマリリン・ライラックという2頭の関東馬が好走したものの、ウインマリリンは関西へ滞在で調整していた馬であったということや、極端な外差しバイアスによる影響が強かったと判断。2023年度も基本的には関西馬を上に取りたい条件です。

2022年11月13日　阪神11R

エリザベス女王杯（GⅠ）芝2200m重

着	馬名		斤量	位置取り	前走成績	単勝オッズ	人気
1	8 ⑱ ジェラルディーナ	西	56	11-12-11-9	オールカマー(G2)1着	8.1	4
2	7 ⑬ ウインマリリン	東	56	6-6-5-2	札幌記念(G2)3着	10.1	5
2	7 ⑮ ライラック	東	54	16-17-14-13	秋華賞(G1)10着	52.9	12
4	7 ⑭ アカイイト	西	56	18-18-18-15	府中牝馬S(G2)10着	24.4	11
5	6 ⑪ ナミュール	西	54	8-10-8-11	秋華賞(G1)2着	7.3	3

単勝810円　複勝330円 370円 1,160円　枠連1,410円
馬連1,920円 15,500円　ワイド1,570円 9,180円 8,380円
馬単3,520円 23,140円　三連複90,210円　三連単206,260円 289,250円

重賞穴パターン 09

コース適性が大事

フェブラリーS(GI)

SAMPLE RACE①

2022年2月20日　東京11R　ダ1600m重

馬名	性齢	斤量	単勝	人気	前走
1 ① テオレーマ	牝6	55	26.8	10	1.26 TCK女王盃(G3)・1人1着
1 ② ダイワキャグニー	セ8	57	42.8	13	1.5 京都金杯(G3)・11人2着
2 ③ インティ	牡8	57	17.5	7	12.5 チャンピオンズC(G1)・9人4着
2 ④ アルクトス	牡7	57	7.0	3	10.11 南部杯(G1)・1人1着
3 ⑤ レッドルゼル	牡6	57	3.9	1	11.3 JBCスプリント(G1)・1人1着
3 ⑥ カフェファラオ	牡5	57	5.1	2	12.5 チャンピオンズC(G1)・4人11着
4 ⑦ タイムフライヤー	牡7	57	61.6	15	1.30 根岸S(G3)・7人6着
4 ⑧ サンライズノヴァ	牡8	57	36.8	12	12.29 東京大賞典(G1)・8人8着
5 ⑨ サンライズホープ	牡5	57	55.6	14	1.23 東海S(G2)・2人4着
5 ⑩ スワーヴアラミス	牡7	57	21.7	9	1.23 東海S(G2)・7人1着
6 ⑪ ソダシ	牝4	55	8.2	4	12.5 チャンピオンズC(G1)・2人12着
6 ⑫ ミューチャリー	牡6	57	31.7	11	12.29 東京大賞典(G1)・2人4着
7 ⑬ ソリストサンダー	牡7	57	9.0	6	1.30 根岸S(G3)・1人9着
7 ⑭ ケイティブレイブ	牡9	57	141.5	16	2.2 川崎記念(G1)・8人11着
8 ⑮ テイエムサウスダン	牡5	57	8.9	5	1.30 根岸S(G3)・6人1着
8 ⑯ エアスピネル	牡9	57	17.9	8	12.5 チャンピオンズC(G1)・11人9着

週中の見解(netkeiba.comのコラムより)

少しだけ頭をひねった考え方で狙ってみるとより効果的

先日のチャンピオンズカップではテーオーケインズが世代交代を感じさせる完勝。フェブラリーSへの出走はないようですが、出走したとしてもチャンピオンズカップのような圧勝にはならない…それどころか、馬券内もそう安泰ではないというのが私の見解です。

一般的には同じように直線の長い左回りのダートということで、ダート中央GI・チャンピオンズカップの勝ち馬が同じように東京コースも得意とするのではないかと想像できるかと思います。ただしこれが「むしろ逆である」という点がフェブラリーSの特徴です。

ポイント:中京ダート1800mという独自性と東京ダート1600mという独自性

コアファンには通説ではありますが、GIコラムで今回だけ見られる方も多いと思いますので、中京ダート1800mが内枠有利、東京ダート1600mが外枠有利という話をざっと触れておきましょう(表1～4)。

上級条件ほど適性やバイアスの結果に占める割合が大きいというのが持論ですので、1勝クラス以上の成績も掲載しています。これを見て、「外枠に入った馬から狙いましょう!」というのもシンプルながらもある程度有効ではありますが、少しだけ頭をひねった考え方で狙ってみるとより効果的なのがこのフェブラリーSのポイントです。

表1 2017～／東京ダ1600m／枠番別成績

枠	着別度数	勝率	連対率	複勝率	単回値	複回値
1枠	50-50-42-779/921	5.4%	10.9%	15.4%	62	60
2枠	64-58-72-781/975	6.6%	12.5%	19.9%	96	77
3枠	61-65-60-830/1016	6.0%	12.4%	18.3%	80	63
4枠	75-60-72-848/1055	7.1%	12.8%	19.6%	47	66
5枠	52-82-74-864/1072	4.9%	12.5%	19.4%	49	64
6枠	83-91-80-838/1092	7.6%	15.9%	23.3%	61	79
7枠	82-82-66-881/1111	7.4%	14.8%	20.7%	62	76
8枠	94-72-95-848/1109	8.5%	15.0%	23.5%	92	81

集計期間：2017年1月5日～2022年2月6日

表2 2017～／東京ダ1600m／1勝クラス以上／枠番別成績

枠	着別度数	勝率	連対率	複勝率	単回値	複回値
1枠	29-29-23-412/493	5.9%	11.8%	16.4%	87	78
2枠	32-30-34-428/524	6.1%	11.8%	18.3%	62	67
3枠	33-30-29-458/550	6.0%	11.5%	16.7%	45	43
4枠	33-32-41-466/572	5.8%	11.4%	18.5%	45	70
5枠	25-51-43-467/586	4.3%	13.0%	20.3%	41	71
6枠	44-51-49-454/598	7.4%	15.9%	24.1%	72	86
7枠	46-45-32-488/611	7.5%	14.9%	20.1%	68	63
8枠	67-39-57-444/607	11.0%	17.5%	26.9%	113	94

表3 2017～／中京ダ1800m／枠番別成績

枠	着別度数	勝率	連対率	複勝率	単回値	複回値
1枠	43-39-40-374/496	8.7%	16.5%	24.6%	82	79
2枠	37-55-46-402/540	6.9%	17.0%	25.6%	72	83
3枠	47-37-39-445/568	8.3%	14.8%	21.7%	70	71
4枠	52-43-44-475/614	8.5%	15.5%	22.6%	101	82
5枠	43-49-46-510/648	6.6%	14.2%	21.3%	46	58
6枠	52-56-52-530/690	7.5%	15.7%	23.2%	92	81
7枠	48-49-50-571/718	6.7%	13.5%	20.5%	59	64
8枠	51-47-55-582/735	6.9%	13.3%	20.8%	104	78

集計期間：2017年1月5日～2022年2月6日

表4 2017～／中京ダ1800m／1勝クラス以上／枠番別成績

枠	着別度数	勝率	連対率	複勝率	単回値	複回値
1枠	24-20-26-212/282	8.5%	15.6%	24.8%	65	78
2枠	22-32-24-227/305	7.2%	17.7%	25.6%	93	78
3枠	27-23-20-246/316	8.5%	15.8%	22.2%	70	86
4枠	29-24-27-265/345	8.4%	15.4%	23.2%	59	73
5枠	25-25-28-286/364	6.9%	13.7%	21.4%	52	59
6枠	24-36-34-297/391	6.1%	15.3%	24.0%	92	89
7枠	33-28-26-319/406	8.1%	15.0%	21.4%	73	68
8枠	27-25-25-336/413	6.5%	12.6%	18.6%	160	83

前年武蔵野Sの優位性

中京ダートと東京ダートで求められる適性が全く違い、それを競馬ファンも認識しているにもかかわらず、馬券を買う時になると不意に忘れてしまう。そんなオッズになっていることが多い気がします。このフェブラリーSは至ってシンプルな考え方が通用する重賞でもあり、**「東京ダート1600mはイレギュラーなので東京ダート1600m巧者を狙おう」という結論になります。**

もっと簡単に言ってしまえば、前年11月に行われる武蔵野S（東京ダート1600m）好走馬に注目しようということになります。

表5は前年武蔵野Sで5着以内の馬の翌年フェブラリーS成績。

特にジャパンカップダート（阪神ダート1800m）からチャンピオンズカップ（中京ダート1800m）へと施行条件が変わった2014年以降は顕著になってきています。2015年以降、前年武蔵野S5着以内の馬で翌年フェブラリーSに出走した馬においては、勝率14.3%・複勝率47.6%・掲示板率61.9%とかなり高い数字。また単勝回収率100%・複勝回収率130%とこちらの面でも優秀だと言えます。

今年の出走メンバーを見渡すと前年の武蔵野Sで掲示板に載った馬は、エアスピネル・ソリストサンダー・ブルベアイリーデの3頭。不利があって6着だったタガノビューティーもアナログ視点から拾えると見ると、このあたりがベタに東京ダート1600mで巻き返すことになりそうです。

表5 前年武蔵野Sで5着以内の馬の翌年フェブラリーS成績

年	馬名	前年武蔵野S		フェブラリーS	
		人気	着順	人気	着順
2021年	サンライズノヴァ	3	1	4	11
	ソリストサンダー	11	2	5	8
	エアスピネル	8	3	9	2
	ワンダーリーデル	5	4	8	3
2020年	ワンダーリーデル	9	1	7	4
	タイムフライヤー	8	2	10	5
	サンライズノヴァ	3	5	3	3
2019年	サンライズノヴァ	1	1	6	7
	クインズサターン	7	2	10	11
	ユラノト	5	4	8	3
2018年	インカンテーション	6	1	6	3
	ノンコノユメ	7	4	4	1
2017年	ゴールドドリーム	2	2	2	1
	カフジテイク	6	3	1	3
	キングズガード	4	4	13	11
2016年	ノンコノユメ	2	1	1	2
	タガノトネール	5	2	9	6
	モーニン	1	3	2	1
	グレープブランデー	4	5	11	11
2015年	ワイドバッハ	7	1	2	6
	グレープブランデー	11	3	11	4

週末の予想（ウマい馬券での印・買い目）

メシ馬の予想

11R フェブラリーS GI

2月20日(日) 15:40 東京 ダ1600m

予想印

◎	4	アルクトス (3人気)
○	8	サンライズノヴァ (12人気)
△	2	ダイワキャグニー (13人気)
△	3	インティ (7人気)
△	5	レッドルゼル (1人気)
△	6	カフェファラオ (2人気)
△	10	スワーヴアラミス (9人気)
△	12	ミューチャリー (11人気)
△	13	ソリストサンダー (6人気)
△	15	テイエムサウスダン (5人気)
△	16	エアスピネル (8人気)

【ご注意】予想の転載はお控えください

買い目

券種・買い目	組み合わせ・点数
3連複 (1軸流し)	軸：4 相手：2 3 5 6 8 10 12 13 15 16 45通り 各100円
3連複 (1軸流し)	軸：8 相手：2 3 5 6 10 12 13 15 16 36通り 各100円
3連複 (フォーメーション)	馬1：4 馬2：5 6 13 馬3：5 6 13 15 16 9通り 各200円
合計	9,900円

レース結果

着順	印	馬番	馬名	人気(単勝オッズ)
1	△	6	カフェファラオ	2人気(5.1倍)
2	△	15	テイエムサウスダン	5人気(8.9倍)
3		11	ソダシ	4人気(8.2倍)

もっとみる ›

払い戻し・収支

払い戻し金額	収支
0円	-9,900円

予想までの経緯や買い目の工夫について

近年の競馬に起こりがちな罠にかかってしまった失敗例

コラムでは、前年武蔵野S5着以内を重視の方向性で、該当馬はエアスピネル・ソリストサンダー・ブルベアイリーデ+不利があって6着だったタガノビューティーとしましたが、出走はソリストサンダーとエアスピネルのみとなってしまっていた上、当日は雨で重馬場、かなりの高速馬場でした。

フェブラリーSが重／不良馬場になったのは2015年（1着モーニン）、2007年（1着サンライズバッカス）、2005年（1着メイショウボーラー）の3度。これら3年のフェブラリーSは、いずれも根岸Sの勝ち馬がフェブラリーSも続けて好走する結果となっており、**雨が降った高速東京ダ1600mは1400mに適性があるようなスピードタイプが強い**という傾向を顕著に表していました。

▶▶2016年：モーニン
根岸S1着（1番人気）→フェブラリーS1着（2番人気）

▶▶2007年：ビッググラス
根岸S1着（11番人気）→フェブラリーS3着（9番人気）

▶▶2005年：メイショウボーラー
根岸S1着（1番人気）→フェブラリーS1着（1番人気）

という点を加味して、東京マイルへの適性から考える「前年武蔵野S好走組を狙う」というアプローチではなく、東京1400mへの適性／ダート高速決着への適性のある馬を狙うというアプローチに切り替え、本命をアルクトスにしました。

アルクトスは左回り・高速決着という盛岡のマイルチャンピオンシップ南部杯での実績があり、ダート1600m戦において1.32.7という破格の時計での好走を見せただけに適性面も文句なし。さらに根岸Sでは59kgという斤量を背負わされた上にインで窮屈になりながら、差し決着だった中を先行勢で唯一粘りこんで4着という強い競馬を見せていたのが決め手となりました。

しかし、これは罠で、斤量面や最後の直線での不利などわかりやすい敗因がいくつもありすぎた結果、当日3番人気となってしまっていたので、そんな馬を本命にしたのは反省点です。競馬がパリミュチュエル方式である以上、こういった**「わかりやすすぎる」敗因は、プラスどころかマイナス要素にもなり得る**ので注意が必要でした。

全頭掲示板に載った根岸S組

結果的には、根岸S勝ち馬のテイエムサウスダンが好走し、重・不良で行われたフェブラリーSでは根岸S勝ち馬が4頭走って3着以内パーフェクトということになりました。

また、 前走根岸S組はタイムフライヤー・ソリストサンダー・テイエムサウスダンの3頭のみでしたが、テイエムサウスダンの2着(5番人気)をはじめ、ソリストサンダーの4着(6番人気)、さらにはタイムフライヤーの5着(15番人気)と全頭掲示板に載った点は、より適性の重要性を示しました。

冬季なのでなかなか雨が降ることはありませんが、この傾向は覚えておいて損はありません。

2022年2月20日　東京11R
フェブラリーS（GI） ダ1600m重

	着	馬名	斤量	位置取り	前走成績	単勝オッズ	人気
△	1	3 ⑥ カフェファラオ	57	4-3	チャンピオンズC（G1）11着	5.1	2
△	2	8 ⑮ テイエムサウスダン	57	1-1	根岸S（G3）1着	8.9	5
	3	6 ⑪ ソダシ	55	2-2	チャンピオンズC（G1）12着	8.2	4
△	4	7 ⑬ ソリストサンダー	57	5-6	根岸S（G3）9着	9.0	6
	5	4 ⑦ タイムフライヤー	57	10-10	根岸S（G3）6着	61.6	15
△	6	3 ⑤ レッドルゼル	57	8-6	JBCスプリント（G1）1着	3.9	1
◎	7	2 ④ アルクトス	57	5-5	南部杯（G1）1着	7.0	3
○	8	4 ⑧ サンライズノヴァ	57	16-15	東京大賞典（G1）8着	36.8	12
△	9	8 ⑯ エアスピネル	57	13-12	チャンピオンズC（G1）9着	17.9	8
△	10	6 ⑫ ミューチャリー	57	10-12	東京大賞典（G1）4着	31.7	11
△	11	2 ③ インティ	57	13-12	チャンピオンズC（G1）4着	17.5	7
	12	5 ⑨ サンライズホープ	57	2-3	東海S（G2）4着	55.6	14
△	13	5 ⑩ スワーヴアラミス	57	10-10	東海S（G2）1着	21.7	9
	14	1 ① テオレーマ	55	13-15	TCK女王盃（G3）1着	26.8	10
△	15	1 ② ダイワキャグニー	57	5-6	京都金杯（G3）2着	42.8	13
	16	7 ⑭ ケイティブレイブ	57	8-9	川崎記念（G1）11着	141.5	16

単勝510円　複勝230円 310円 410円　枠連700円
馬連2,640円　ワイド1,230円 1,980円 3,830円
馬単4,690円　三連複16,200円　三連単76,940円

重賞穴パターン 10

前哨戦とのリンク

ダービー(GI)

SAMPLE RACE①

2022年5月29日　東京11R　芝2400m良

馬名	性齢	斤量	単勝	人気	前走
1 ① アスクワイルドモア	牡3	57	60.3	13	5.7 京都新聞杯(G2)・8人1着
1 ② セイウンハーデス	牡3	57	150.0	16	5.7 プリンシパルS(L)・6人1着
2 ③ アスクビクターモア	牡3	57	24.7	7	4.17 皐月賞(G1)・6人5着
2 ④ マテンロウレオ	牡3	57	198.7	18	4.17 皐月賞(G1)・14人12着
3 ⑤ ピースオブエイト	牡3	57	59.4	12	3.26 毎日杯(G3)・4人1着
3 ⑥ プラダリア	牡3	57	20.7	5	4.30 青葉賞(G2)・4人1着
4 ⑦ オニャンコポン	牡3	57	24.2	6	4.17 皐月賞(G1)・8人6着
4 ⑧ ビーアストニッシド	牡3	57	182.3	17	4.17 皐月賞(G1)・13人11着
5 ⑨ ジャスティンパレス	牡3	57	43.1	10	4.17 皐月賞(G1)・9人9着
5 ⑩ マテンロウオリオン	牡3	57	40.6	9	5.8 NHKマイルC(G1)・3人2着
6 ⑪ ジャスティンロック	牡3	57	87.3	14	4.17 皐月賞(G1)・10人7着
6 ⑫ ダノンベルーガ	牡3	57	3.5	1	4.17 皐月賞(G1)・2人4着
7 ⑬ ドウデュース	牡3	57	4.2	3	4.17 皐月賞(G1)・1人3着
7 ⑭ デシエルト	牡3	57	90.4	15	4.17 皐月賞(G1)・7人16着
7 ⑮ ジオグリフ	牡3	57	5.9	4	4.17 皐月賞(G1)・5人1着
8 ⑯ キラーアビリティ	牡3	57	33.4	8	4.17 皐月賞(G1)・4人13着
8 ⑰ ロードレゼル	牡3	57	54.5	11	4.30 青葉賞(G2)・2人2着
8 ⑱ イクイノックス	牡3	57	3.8	2	4.17 皐月賞(G1)・3人2着

性を考えるべき重賞

週中の見解（netkeiba.comのコラムより）

前走の着度数を見るとさらにわかりやすい

長らく続いた東京の外有利馬場によって、ダービーでとにかく有利と言われた内枠（1枠）が恵まれなかった2021年。決着は10-1-11-13-16-14と外枠で決着し、1枠1番から2着だったエフフォーリアがその後天皇賞秋・有馬記念と連勝したという結果論に基づいて言えば、やはり決して内有利ではなかったのだろう。

執筆時の現在（オークス週金曜）段階では、今年は昨年ほど外しか伸びないわけではないだけに1枠の出番がありそうだが、基本的な傾向として東京芝は相対末脚ではなく絶対末脚を使える馬が有利なだけに、昨年と同じく能力をきちんと評価してあげることが必要になりそうです。

ダービーは2013年以降を見ても、ほぼ皐月賞の着順入れ替えのようなもので、別路線から好走したのは以下の通り。

表1 2013～2021／ダービー／前走レース別成績

前走レース	着別度数	勝率	連対率	複勝率	単回値	複回値
皐月賞	6-8-5-60/79	7.6%	17.7%	24.1%	38	54
京都新聞杯	2-1-0-18/21	9.5%	14.3%	14.3%	457	66
毎日杯	1-0-0-4/5	20.0%	20.0%	20.0%	234	54
青葉賞	0-0-3-18/21	0%	0%	14.3%	0	110
プリンシパルS	0-0-1-7/8	0%	0%	12.5%	0	455

※ダービー3着内のある前哨戦限定

▶▶京都新聞杯
2013年：キズナ
2015年：サトノラーゼン
2019年：ロジャーバローズ

▶▶毎日杯
2021年：シャフリヤール

▶▶青葉賞
2017年：アドミラブル
2014年：マイネルフロスト
2013年：アポロソニック

▶▶プリンシパルS
2018年：コズミックフォース

京都新聞杯組からはわかりやすく全馬が1枠1番からの好走で他は全敗という形。これはダービーにおいて過去10年（2-2-1-4/9）、複勝率55.6%・複勝回収率184%というほど有利な1枠1番なのでわかりやすい。

毎日杯からは昨年の皐月賞のレベルの低さから素質馬のシャフリヤールが走った形。私自身も昨年は毎日杯からグレートマジシャンに本命（4着）にした点からもこの結果はイレギュラーではなく想定内のもの。

青葉賞組は基本通用せず、好走した3頭の共通項はすべてロベルトの血を持っている点。使い詰めやタフな展開に強い馬が多いロベルト系が内枠から粘り込むという競馬が特徴的になっている。

プリンシパルSは完全にイレギュラーだったわけだが、前残り決着かつ、1、2着だったワグネリアンやエポカドーロはその後GIでの好走がなかったという点からもイレギュラーの要因は見出せそう。

（中略）

改めて整理しても今年は皐月賞組が上位独占になる可能性が非常に高いと見ています。その中でも、ダノンベルーガ（皐月賞4着）・アスクビクターモア（皐月賞5着）・ジャスティンロック（皐月賞7着）はトラックバイアス的に不利なインを通っての競馬でしたし、外を通ったものの直線で不利があったジャスティンパレス（皐月賞9着）あたりは着順以上の評価が必要になるでしょう。

週末の予想(ウマい馬券での印・買い目)

メシ馬の予想

11R 日本ダービー GI
5月29日(日) 15:40 東京 芝2400m

予想印

印	馬番	馬名
◎	18	イクイノックス (2人気)
○	12	ダノンベルーガ (1人気)
▲	15	ジオグリフ (4人気)
△	9	ジャスティンパレス (10人気)
△	11	ジャスティンロック (14人気)
△	13	ドウデュース (3人気)
△	16	キラーアビリティ (8人気)

【ご注意】予想の転載はお控えください

レース結果

着順	印	馬番	馬名	人気(単勝オッズ)
1	△	13	ドウデュース	3人気(4.2倍)
2	◎	18	イクイノックス	2人気(3.8倍)
3		3	アスクビクターモア	7人気(24.7倍)

もっとみる ›

買い目

券種・買い目	組み合わせ・点数
3連単 (フォーメーション)	1着 : 18 2着 : 12 15 3着 : 9 11 16 6通り 各100円
3連単 (フォーメーション)	1着 : 12 15 2着 : 18 3着 : 9 11 16 6通り 各100円
3連単 (フォーメーション)	1着 : 18 2着 : 12 15 3着 : 12 13 15 4通り 各800円
3連単 (フォーメーション)	1着 : 12 15 2着 : 18 3着 : 12 13 15 4通り 各800円
3連単 (フォーメーション)	1着 : 18 2着 : 12 15 3着 : 12 15 2通り 各600円
3連単 (フォーメーション)	1着 : 12 15 2着 : 18 3着 : 12 15 2通り 各600円
合計	10,000円

払い戻し・収支

払い戻し金額	収支
0円	-10,000円

予想までの経緯や買い目の工夫について

コラムのパターンに該当する馬を探すも…

①京都新聞杯組：ダービーで1枠1番
②毎日杯組：素質馬の巻き返し
③青葉賞組：ロベルトの血の内枠
④プリンシパルS組：低レベル時のみ

コラムに記載したパターンに当てはまる馬を探すも今年の該当馬は以下のように不在で、シンプルに皐月賞組の並べかえになりそうという結論に。

京都新聞杯は12.5 - 10.9 - 10.6 - 12.1 - 12.1 - 12.1 - 11.8 - 11.8 - 11.8 - 11.7 - 12.1という前半超ハイペース・後半持続性ラップという過酷条件で、後ろにいた馬が有利かつロベルト系の良さが出て穴というパターンだっただけに、ダービーには直結しない可能性が高いと見ました。たとえアスクワイルドモアが1枠1番を引いたとしても従来ほど1枠1番にバイアスがない馬場も含めここからの好走は望み薄でした。

毎日杯からは無敗のピースオブエイトが出走しましたが、前年(2021年)は皐月組のレースレベル疑問⇔狙い澄ましたローテで皐月をパスしたシャフリヤール・グレートマジシャンがいたからこそ。今年の皐月賞組はイクイノックス・ダノンベルーガが強敵と見ているので、3席目を争うという点で他の皐月賞組よりも上位にとれるかどうかでした。ノーチャンスではなさそうでしたが、席が圧倒的に少ないので、オッズ次第という判断をしました。

青葉賞組のロードレゼルの立ち回りは過去のマイネルフロストやアポロソニックのようなイン前でしぶとく競馬して好走する内容に

近いのですが、例年ほど前有利ではないトラックバイアスを加味すると今年は難しいと判断しました。

結果的に印は、皐月賞の1～4着＋不利のあったジャスティンロック・ジャスティンパレス・キラーアビリティを追加で拾い、全馬皐月賞出走馬となりました。

皐月賞はイン不利⇔外有利が一般的な認識であって、そこでインを通って4着だったダノンベルーガがダービーで1番人気になったわけなので、同じようにインを通って5着だったアスクビクターモアは「普通に考えれば」7番人気だったら買いでした。「これは東京は合わないだろう」という考えが大半のようでしたし、私自身もそうでしたが、厳しいペースをセーフティーリードを持って早めに抜け出すという、この馬の弱点であるキレ勝負を最大限に打ち消す田辺Jの完璧な騎乗でした。これはいくら反省してもレース前での予想は不可能だったと思います。

本命はイクイノックスにしたわけですが、ダノンベルーガが謎の1番人気、そして皐月賞でレースが終わってから突っ込んできたドウデュースがいかにもな人気で3番人気、そしてこの3頭が三つ巴というオッズならば迷いなく◎イクイノックスでした。結果論ではなくこれは正解だったと思っています。追走が苦しく、インから外へ出すのに手間取ったぶん、武豊騎手に完璧にエスコートされたドウデュースに敗れてしまっただけでしたし、その後、天皇賞秋でのパフォーマンスできちんと実力を示してくれました。

近年は皐月賞をスキップする例が増えましたが、2021年のグレートマジシャン、2022年のドゥラドーレスが上手く賞金を加算できずに悔しい思いをしているだけに、**今後はしっかり皐月賞を使ってというローテーションが再度主流になるのではないか**と見ています。

2022年5月29日　東京11R
ダービー（GⅠ）芝2400m良

	着	馬名	斤量	位置取り	前走成績	単勝オッズ	人気
△	1	7 ⑬ ドウデュース	57	13-14-14-14	皐月賞(G1)3着	4.2	3
◎	2	8 ⑱ イクイノックス	57	16-16-16-14	皐月賞(G1)2着	3.8	2
	3	2 ③ アスクビクターモア	57	2-2-2-2	皐月賞(G1)5着	24.7	7
○	4	6 ⑫ ダノンベルーガ	57	10-10-11-11	皐月賞(G1)4着	3.5	1
	5	3 ⑥ プラダリア	57	5-5-6-5	青葉賞(G2)1着	20.7	5
△	6	8 ⑯ キラーアビリティ	57	13-15-15-16	皐月賞(G1)13着	33.4	8
▲	7	7 ⑮ ジオグリフ	57	10-10-11-11	皐月賞(G1)1着	5.9	4
	8	4 ⑦ オニャンコポン	57	12-10-11-11	皐月賞(G1)6着	24.2	6
△	9	5 ⑨ ジャスティンパレス	57	6-8-8-8	皐月賞(G1)9着	43.1	10
	10	4 ⑧ ビーアストニッシド	57	4-3-3-3	皐月賞(G1)11着	182.3	17
	11	1 ② セイウンハーデス	57	6-7-4-5	プリンシパルS(L)1着	150.0	16
	12	1 ① アスクワイルドモア	57	6-8-8-8	京都新聞杯(G2)1着	60.3	13
	13	2 ④ マテンロウレオ	57	13-10-8-8	皐月賞(G1)12着	198.7	18
	14	8 ⑰ ロードレゼル	57	6-5-6-5	青葉賞(G2)2着	54.5	11
	15	7 ⑭ デシエルト	57	1-1-1-1	皐月賞(G1)16着	90.4	15
△	16	6 ⑪ ジャスティンロック	57	18-18-17-17	皐月賞(G1)7着	87.3	14
	17	5 ⑩ マテンロウオリオン	57	17-17-17-17	NHKマイルC(G1)2着	40.6	9
	18	3 ⑤ ピースオブエイト	57	3-3-4-4	毎日杯(G3)1着	59.4	12

単勝420円　複勝160円 150円 410円　枠連420円
馬連730円　ワイド340円 1,120円 1,390円
馬単1,440円　三連複4,570円　三連単15,770円

秋華賞(GI)

SAMPLE RACE②

2022年10月16日　阪神11R　芝2000m良

馬名	性齢	斤量	単勝	人気	前走
1 ① ウインエクレール	牝3	55	35.9	7	7.30 STV賞(3勝)・1人2着
1 ② ライラック	牝3	55	19.9	6	9.10 紫苑S(G3)・6人3着
2 ③ タガノフィナーレ	牝3	55	224.8	15	9.24 夕月特別(2勝)・6人1着
2 ④ ラブパイロー	牝3	55	320.1	16	8.7 レパードS(G3)・10人14着
3 ⑤ ストーリア	牝3	55	38.6	9	8.14 三面川特別(2勝)・1人1着
3 ⑥ メモリーレゾン	牝3	55	69.4	13	9.18 ローズS(G2)・6人5着
4 ⑦ スタニングローズ	牝3	55	5.7	3	9.10 紫苑S(G3)・1人1着
4 ⑧ ナミュール	牝3	55	3.3	2	5.22 オークス(G1)・4人3着
5 ⑨ スターズオンアース	牝3	55	3.0	1	5.22 オークス(G1)・3人1着
5 ⑩ アートハウス	牝3	55	6.7	4	9.18 ローズS(G2)・1人1着
6 ⑪ エグランタイン	牝3	55	40.3	11	9.18 ローズS(G2)・7人3着
6 ⑫ ウォーターナビレラ	牝3	55	40.2	10	7.31 クイーンS(G3)・1人10着
7 ⑬ エリカヴィータ	牝3	55	36.2	8	5.22 オークス(G1)・6人9着
7 ⑭ ブライトオンベイス	牝3	55	165.7	14	8.13 新発田城特別(2勝)・6人1着
8 ⑮ サウンドビバーチェ	牝3	55	52.1	12	9.10 紫苑S(G3)・2人2着
8 ⑯ プレサージュリフト	牝3	55	14.6	5	5.22 オークス(G1)・8人5着

1 週中の見解（netkeiba.comのコラムより）

牝馬路線の特異さがポイントになる

牝馬路線は桜花賞の1600m・オークスの2400m、そして最後がこの秋華賞・内回り2000mとそれぞれ大きく異なる適性を求められる。そこでまずは各々のレースにおけるポイントを再確認する。

▶▶桜花賞

1200mに適性がある馬は3歳時の目標（重賞）がないことから、距離に目を瞑って桜花賞へ出走する影響で、前半のペースが速くなりやすい。この結果好走する馬の多くは中距離に適性のある馬ではなくマイル〜短距離に適性のある馬が多くなる傾向がある。

▶▶オークス

牝馬路線は2歳〜3歳春は1600mで桜花賞を最終目標にしていた馬たちが多く、番組編成的にも2歳時に組まれるOP以上の牝馬限定戦はアルテミスS（東京芝1600m）、ファンタジーS（京都芝1400m・2020年、2021年は阪神開催）、阪神JF（阪神芝1600m）しかなく、3歳の3月までに組まれている番組もフェアリーS・紅梅S・エルフィンS・クイーンC・チューリップ賞・アネモネS・フィリーズレビュー・フラワーCと、紅梅S・フィリーズレビュー・フラワーCを除いて1600m戦となっています。このことが要因でオークス・トライアルであるフローラS（芝2000m）は波乱を引き起こしやすく、同様の理由でオークスも波乱を引き起こしやすくなっています。

桜花賞では出走馬は2歳暮れの阪神JFから大きく変わらないことや有力ローテーションがチューリップ賞・クイーンCと1600m戦であることから勢力図は大きく変わらないものの、オークスではこれまでと条件がガラっと替わり「距離への対応」と「潜在的距離適性」が重要となり、そのポイントにハマる馬が穴をあける傾向が強い。

▶▶秋の前哨戦

紫苑S・ローズSでは前走オークス組の成績が例年悪い。ここでは「夏の成長度合い」が重要となり、未勝利クラスからでも着実に力をつけてきた馬に妙味が生じやすい。この背景には当然、【夏もしっかり走ってきた上り馬⇆有力馬は本番の秋華賞への始動戦】という点も一因だろう。

▶▶秋華賞

今回の秋華賞はというと、「距離への対応」「潜在的距離適性」「夏の成長度合い」のいずれも出走馬の大半の馬がクリアしていることになる。そこで、これまでの**桜花賞やオークスとは違い、秋華賞で新たに問われるのは以下の二つの要素**となる。

❶小回りコースへの適性
❷差し競馬への適性

以前は秋華賞において重要な役割を果たしていなかった紫苑Sが、重賞へ格上げしてから秋華賞への重要なステップレースとなり、重賞格上げ初年度にヴィブロス・パールコードのワンツーを達成。それ以降2017年ディアドラ・2019年カレンブーケドール・2020年のマジックキャッスル・2021年ファインルージュと、毎年のように好走馬を輩出しているのは❶の要素を満たせる(経験をしている)ということが大きい。

その中でも、❷差し競馬への適性ということで前走紫苑S組の初角5番手以内と初角6番手以下の馬の秋華賞での成績を見比べると、その差は一目瞭然。

表1 2015～2021／秋華賞／単勝オッズ1～99.9倍／前走紫苑S組成績

前走初角位置取り	着別度数	勝率	連対率	複勝率	単回値	複回値
Total	2-4-0-16/22	9.1%	27.3%	27.3%	57	79
初角5番手以内	0-1-0-8/9	0%	11.1%	11.1%	0	21
初角6番手以下	2-3-0-8/13	15.4%	38.5%	38.5%	96	119

成績以上に人気薄でも掲示板前後に好走していることから、秋華賞は❶と❷の特徴を持ち合わせている馬に向いているレースであることがわかる。

表2 2015～2021／秋華賞／単勝オッズ1～99.9倍／前走紫苑S／初角6番手以下

年	馬名	人気	着順
2021年	ファインルージュ	2	2
	ミスフィガロ	12	9
	スルーセブンシーズ	7	11
2020年	マジックキャッスル	10	2
	パラスアテナ	12	4
	ウインマイティー	3	9
2018年	パイオニアバイオ	9	12

年	馬名	人気	着順
2017年	ディアドラ	3	1
	ポールヴァンドル	11	9
2016年	ヴィブロス	3	1
	パールコード	4	2
	パーシーズベスト	9	7
	ビッシュ	1	10

今年の紫苑Sにおいて、初角6番手以下だった馬で出走があるのはライラックのみ。ライラックは過去に関西への輸送でイレ込んでしまって競馬にならなかった過去があるだけに、まず第一にオッズ、当日までの気配、当日の気配と懸念する点は多くありそうですが、例年の好走パターンには当てはまるので当コラムでのピックアップとします。

週末の予想（ウマい馬券での印・買い目）

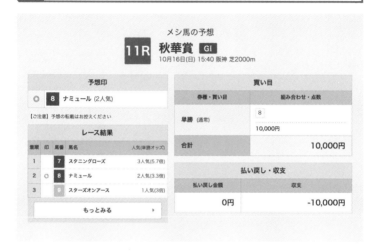

メシ馬の予想

11R 秋華賞 GI

10月16日(日) 15:40 阪神 芝2000m

予想印

◎	8	ナミュール (2人気)

【ご注意】予想の転載はお控えください

レース結果

着順	印	馬番	馬名	人気(単勝オッズ)
1		7	スタニングローズ	3人気(5.7倍)
2	◎	8	ナミュール	2人気(3.3倍)
3		9	スターズオンアース	1人気(3倍)

もっとみる

買い目

券種・買い目	組み合わせ・点数
単勝 (通常)	8 10,000円
合計	10,000円

払い戻し・収支

払い戻し金額	収支
0円	-10,000円

予想までの経緯や買い目の工夫について

3歳牝馬の春〜秋にかけての馬体重の重要性

コラムでは小回り・差し競馬の重要性からライラックに注目をしましたが、関東馬で輸送で失敗した過去があり、馬群NGという特徴も持つ馬だったので1枠を引いた時点であっさり敬遠。代わりに、3歳牝馬の春〜秋にかけての馬体重の重要性を予想の軸にナミュールを本命としました。

実際の予想文から抜粋

牝馬にとって、春〜秋にかけては馬体重の増加が非常に大事になる。

秋華賞は当日馬体重が+10kg〜馬で、前走掲示板に好走しているという条件で見ると、

馬名（人気/着順）
デアリングタクト（1/1）
マジックキャッスル（10/2）
ウインマリリン（5/15）
クロノジェネシス（4/1）
アーモンドアイ（1/1）
ラッキーライラック（2/9）
ディアドラ（3/1）
ダイワドレッサー（13/15）
ヌーヴォレコルト（1/2）
トーセンベニザクラ（7/9）
ミッドサマーフェア（5/11）

特に関東厩舎で関西で戦えるのは秋華賞で4年連続連対中の国枝厩舎のみで、他の馬の馬体増は成長面よりも、輸送減りへの余裕残しの面のほうが大きいのだろう。また、関西ではデアリングタクト・クロノジェネシス・ラッキーライラック・ディアドラの4頭のみで名前を見ればそれ以上話すことがなくなる馬が並ぶ。

今年の秋華賞出走馬の中で、調教後馬体重の段階で+10kg~となりそうなのは、関西馬からナミュール(調教後+30kg)、関東・国枝厩舎からエリカヴィータ(+24kg)、そして関東・高柳瑞厩舎から二冠馬スターズオンアース(+22kg)の3頭。

最終的に赤松賞のパフォーマンスが破格のナミュールを本命にしました。

参考

2011年以降の2歳戦・東京芝1600(良)・前半5F61秒以内、後半5F昇順で並べると上からグランアレグリア・サリオス・グランアレグリアと来て、次がナミュールになる(※この予想の後、ライトクオンタムが4位に)。

結果的にはスタートで勝ち馬スタニングローズに寄られて不利があり、4角では戦前からも課題だと認識もしていた右回りでのコーナリングで膨れてしまい大きなロス。それでいて2着ならば能力の片鱗は見せつけた形です。二冠馬スターズオンアースはちょっと次元が違った感じもありますが、やはり世代でも最上位であるところを見せつけました。この後、エリザベス女王杯では得意ではないと思われる重馬場で5着と、スタニングローズにも先着し能力的判断を間違えていなかったことを確認できました。

3歳等の若駒については、能力面の評価はもちろんのこと、こういった不器用さなどが命取りになるシーンがよくありますし、逆に

前哨戦とのリンク性を考えるべき重賞

器用に立ち回ったスタニングローズは勝ちたいところで勝てています。これらのことから、**若駒時は器用さ→古馬になれば器の大きさというアプローチをすべき**と思った一例です。

2022年10月16日　阪神11R
秋華賞（GI）芝2000m良

	着	馬名	斤量	位置取り	前走成績	単勝オッズ	人気
	1	4⑦スタニングローズ	55	3-5-5-4	紫苑S(G3)1着	5.7	3
◎	2	4⑧ナミュール	55	9-9-10-9	オークス(G1)3着	3.3	2
	3	5⑨スターズオンアース	55	14-13-14-14	オークス(G1)1着	3.0	1
	4	3⑥メモリーレゾン	55	8-8-7-9	ローズS(G2)5着	69.4	13
	5	5⑩アートハウス	55	3-3-3-2	ローズS(G2)1着	6.7	4
	6	6⑪エグランタイン	55	6-6-7-6	ローズS(G2)3着	40.3	11
	7	8⑮サウンドビバーチェ	55	2-2-2-2	紫苑S(G3)2着	52.1	12
	8	3⑤ストーリア	55	11-11-11-11	三面川特別(2勝)1着	38.6	9
	9	8⑯プレサージュリフト	55	14-15-14-14	オークス(G1)5着	14.6	5
	10	1②ライラック	55	16-16-16-16	紫苑S(G3)3着	19.9	6
	11	1①ウインエクレール	55	9-9-7-7	STV賞(3勝)2着	35.9	7
	12	6⑫ウォーターナビレラ	55	3-3-3-4	クイーンS(G3)10着	40.2	10
	13	7⑬エリカヴィータ	55	12-12-13-11	オークス(G1)9着	36.2	8
	14	2④ラブパイロー	55	12-13-11-11	レパードS(G3)14着	320.1	16
	15	2③タガノフィナーレ	55	6-6-5-7	夕月特別(2勝)1着	224.8	15
	16	7⑭ブライトオンベイス	55	1-1-1-1	新発田城特別(2勝)1着	165.7	14

単勝570円　複勝150円 140円 130円　枠連1,040円
馬連990円　ワイド360円 320円 300円
馬単2,430円　三連複1,090円　三連単6,900円

トラックバイアス

皐月賞(GI)

SAMPLE RACE①

2022年4月17日　中山11R　芝2000m良

馬名	性齢	斤量	単勝	人気	前走
1 ① ダノンベルーガ	牡3	57	5.0	2	2.13 共同通信杯(G3)・3人1着
1 ② アスクビクターモア	牡3	57	9.9	6	3.6 弥生賞(G2)・3人1着
2 ③ トーセンヴァンノ	牡3	57	311.8	18	3.20 スプリングS(G2)・13人13着
2 ④ キラーアビリティ	牡3	57	7.6	4	12.28 ホープフルS(G1)・2人1着
3 ⑤ グランドライン	牡3	57	210.9	17	3.20 スプリングS(G2)・10人12着
3 ⑥ ジャスティンロック	牡3	57	35.0	10	3.6 弥生賞(G2)・4人4着
4 ⑦ ボーンディスウェイ	牡3	57	49.3	12	3.6 弥生賞(G2)・9人3着
4 ⑧ ダンテスヴュー	牡3	57	86.2	15	2.6 きさらぎ賞(G3)・3人2着
5 ⑨ サトノヘリオス	牡3	57	47.5	11	3.20 スプリングS(G2)・6人3着
5 ⑩ ジャスティンパレス	牡3	57	20.9	9	12.28 ホープフルS(G1)・4人2着
6 ⑪ オニャンコポン	牡3	57	19.0	8	1.16 京成杯(G3)・6人1着
6 ⑫ ドウデュース	牡3	57	3.9	1	3.6 弥生賞(G2)・1人2着
7 ⑬ ビーアストニッシド	牡3	57	72.7	13	3.20 スプリングS(G2)・5人1着
7 ⑭ ジオグリフ	牡3	57	9.1	5	2.13 共同通信杯(G3)・1人2着
7 ⑮ ラーグルフ	牡3	57	162.7	16	3.6 弥生賞(G2)・7人11着
8 ⑯ デシエルト	牡3	57	15.5	7	3.19 若葉S(L)・2人1着
8 ⑰ マテンロウレオ	牡3	57	84.7	14	3.6 弥生賞(G2)・5人10着
8 ⑱ イクイノックス	牡3	57	5.7	3	11.2 東京スポ杯2歳S(G2)・1人1着

を最重要視すべき重賞

週中の見解(netkeiba.comのコラムより)

この時期の中山競馬場は 馬場傾向を見極めるのも吉

先日の大阪杯ではエフフォーリアが全く見せ場なく敗戦するという結果に終わってしまいました。敗因については早熟説や関西への輸送などさまざま挙げられていますが、同馬が3歳時にみせたシャフリヤールと接戦を演じた東京優駿、コントレイル相手に勝ち切った天皇賞秋等のパフォーマンスの高さは疑いようがありません。

エフフォーリアは能力の高さから昨年の皐月賞を完勝しましたが、根本的に2000mデビュー組は皐月賞ではなくダービー向きであることが多い。エフフォーリア以前となると、皐月賞において2000mデビューした馬での勝ち馬は2007年のヴィクトリーまで遡り、**近年では2000mデビュー組が人気に推されながらも馬券外になっているのが皐月賞の特徴**です。

これは近5年の2000mでの新馬戦のペースが38.0-64.0程度であるのに対し、1600mでの新馬戦では36.0-62.0程度と、全体でのペースはもちろんのこと、1600m戦においては特に、中盤でペースが緩みにくく「道中での追走力を問われる」からでしょう。

2000mデビューの有力馬はハナからダービーが目標であることが多く、"道中での追走力"を鍛えることよりも"道中で我慢し、折り合う力"を必要とされるため、**皐月賞出走までの間のレースで追走力を問われるという経験をできないことが、この様な結果を生じさせる大きな要因**でしょう。

表1の馬名を見てもらうとわかるように、2000mデビュー組(皐

月賞5番人気以内の人気馬）は皐月賞で敗戦した後ダービーにおいて（2-2-0-0-1-3）と折り合い力を鍛えた成果からか巻き返しが目立つ結果となっています。

表1 2015～2021／芝2000mデビューの皐月賞1～5番人気馬／ダービー着順

年	着別度数	皐月賞人気	皐月賞着順		ダービー着順
2021年	エフフォーリア	2	1	►	2
	ラーゴム	5	13	►	12
2020年	サトノフラッグ	2	5	►	11
2018年	キタノコマンドール	3	5	►	12
	ワグネリアン	1	7	►	1
2017年	レイデオロ	5	5	►	1
	スワーヴリチャード	2	6	►	2
2016年	サトノダイヤモンド	1	3	►	2
	リオンディーズ	2	⑤（4位入線）	►	5

今回の出走馬である程度の人気が想定される馬の中では、ダノンベルーガ・オニャンコポンが該当しそう。特にダノンベルーガについては、前走の勝ち方からもダービー向きに見えるのでここではなくダービーで狙いたい馬とします。

2018、2020、2021は、雨の影響を受けて2分台の決着になり、その結果上述の追走力が問われない展開になったという点も昨年のエフフォーリアに味方する形になり、上記表のサトノフラッグやキタノコマンドールも皐月賞→ダービーにかけてパフォーマンスを落とす結果に繋がったのでしょう。今年も雨の影響を受けそうなので当日の天気に注意をし、決着時計が速くなるならばマイルに適性のある馬を重視・決着時計が遅くなるならば中距離に適性のある馬を重視すべきでしょう。

また、この時期の中山競馬場は朝昼の寒暖差から強風となる日が多く、雨の影響を受けて馬場にも大きなバイアスが生じやすいので当日午後まで傾向を見極めるのが吉。

表2 皐月賞当日16時時点での風向き(実測値)とトラックバイアス

年	馬名	タイム	馬場	風向き	風速	トラックバイアス
2021年	エフフォーリア	2.00.6	稍	北北西	3.3	内伸び
2020年	コントレイル	2.00.7	稍	東北東	3.8	顕著な外伸び
2019年	サートゥルナーリア	1.58.1	良	南南西	3.2	やや伸び
2018年	エポカドーロ	2.00.8	稍	東	0.6	外伸び
2017年	アルアイン	1.57.8	良	南南西	3.1	内伸び
2016年	ディーマジェスティ	1.57.9	良	南南西	6.3	内外フラット
2015年	ドゥラメンテ	1.58.2	良	南西	1.4	やや外伸び

昨年(2021年)は前日の雨、当日の気温の上昇・強風によりインから一気に乾いて、内が伸びる馬場になりましたし、2020年は雨の影響を受けた馬場ながらも見た目から内がダメージを受けて外有利な馬場コンディションでした。今年は前週からインを避けられるような馬場コンディションになっていて、ここに雨の影響をさらに受けることになれば、2020年の様なトラックバイアスになることも考えたほうが良さそうです。

タフな馬場コンディション×外伸び馬場の状況下においては、先行して直線馬場の良い所を選べるという点でタフな先行馬が恩恵を受けやすい。かなり馬場とトラックバイアスを限定しての推奨ですが、その想定ならばデシエルトが面白い存在になりそう。

若葉Sでは12.6-11.5-12.4-12.2-12.1-12.4-11.7-11.5-11.4-12.4と早めスパートで最後まで押し切るタフさを見せたし、もともとダート1800mで35.7-48.4-61.3のペースを2番手から早め先頭で勝ち切っているように前半で消耗されても後半削がれない点は高く評価。

エフフォーリアの大阪杯の敗戦も1000m通過60秒を切るハイペースになった点が大きかったと思っているだけに、1000m60秒を切るペースを経験している人気馬がドウデュースしかいないという点から、デシエルトは恵まれる可能性がありそう。

週末の予想(ウマい馬券での印・買い目)

メシ馬の予想

11R 皐月賞 GI

4月17日(日) 15:40 中山 芝2000m

予想印

◎	14	ジオグリフ (5人気)
○	9	サトノヘリオス (11人気)
▲	10	ジャスティンパレス (9人気)
△	1	ダノンベルーガ (2人気)
△	2	アスクビクターモア (6人気)
△	4	キラーアビリティ (4人気)
△	6	ジャスティンロック (10人気)
△	7	ボーンディスウェイ (12人気)
△	12	ドウデュース (1人気)
△	15	ラーグルフ (16人気)
△	16	デシエルト (7人気)
△	18	イクイノックス (3人気)

【ご注意】予想の転載はお控えください

レース結果

着順	印	馬番	馬名	人気(単勝オッズ)
1	◎	14	ジオグリフ	5人気(9.1倍)
2	△	18	イクイノックス	3人気(5.7倍)
3	△	12	ドウデュース	1人気(3.9倍)

もっとみる ›

買い目

券種・買い目	組み合わせ・点数
単勝 (通常)	14 3,000円 払い戻し ：3,000円x9.1倍=27,300円 的中
3連複 (フォーメーション)	馬1 ： 14 馬2 ： 6 9 10 12 16 18 馬3 ： 1 2 4 6 7 9 10 12 14 15 16 18 45通り 各100円 払い戻し 12-14-18：100円x41.9倍=4,190円 的中
3連複 (フォーメーション)	馬1 ： 14 馬2 ： 6 9 10 12 18 馬3 ： 1 4 6 9 10 12 16 18 25通り 各100円 払い戻し 12-14-18：100円x41.9倍=4,190円 的中
合計	10,000円

払い戻し・収支

払い戻し金額	収支
35,680円	+25,680円

予想までの経緯や買い目の工夫について

前が残る馬場じゃなかったため狙い馬をジオグリフに変更

蓋を開けてみれば、コラム内で触れた**「追走力」がもろに結果として出る形になりました。**

当日のトラックバイアスとしては、外伸び顕著。コラムでの推奨馬デシエルトは前残りする馬場ではないので評価を下げました。

マイルの追走力を持ち合わせていて（経験していて）、外伸び馬場を味方につけて小回りを回れる馬となれば……という結論で本命はジオグリフにしました。朝日杯FSでは自身はテンで出られず後方からになりましたが、12.6 - 10.6 - 11.1 - 11.9 - 12.1 という前半流れる競馬を経験でき、その上で終いの脚も削がれないことを証明済みと文句なしでした。

ジオグリフは外枠を引いていたというのもありますが、さらなる評価点としては、こういったトラックバイアスが結果に大きく作用する際に福永騎手が騎乗する価値は大きいという点です。2020年コントレイルの皐月賞時も似たようなコンディションでしたが、最内からわざわざ大外へ出して勝利したように、馬場への理解はジョッキーの中でもNo.1。スタート上手な福永騎手で好位置につけられる点もプラス評価となりました。

トラックバイアスの不合致や追走不安のあるダノンベルーガ、東京向きのイクイノックス、弥生賞のパフォーマンスがやや疑問だったドウデュース、弥生賞がいかにもな前哨戦のスロー前残りだったアスクビクターモアと上位人気はいずれも不安点を抱えていたので、波乱期待で手広く流す馬券にしました。

結果的にはこれが大反省点。

ダービー前には皐月賞上位組が強く、ダービーは皐月賞上位の順位入れ替えと評したようにこのレース後に認識を改めましたが、皐月賞前時点でこの5頭がここまで抜けていると見抜くことは私にはできませんでした。

とくにアスクビクターモアについては弥生賞で本命にして的中していただけに、余計にここで重要視することができませんでした。前走本命にして的中した馬を次走でも買うことで期待値を追えるかどうかという点については常に最大限の注意を払いたいところですが、基本的には買わないという選択で良いと思っています。

「自分は前走見抜けておいしいオッズで買えていた馬」を「好走ののちに後追いで乗っかってくる馬券購入者に混じって」馬券を買う必要は一切ありません。その際には**「その馬強いけど、妙味のある買い時は前走だったんだけどね」というマインドを持って、他の馬での勝負に挑むのが期待値を考えた行動**になるでしょう。

2022年3月6日 中山11R
弥生賞(GⅡ) 芝2000m良

	着	馬名	斤量	位置取り	前走成績	単勝オッズ	人気
◎	1	8 ⑩ アスクビクターモア	56	2-2-2-2	3歳1勝クラス・1着	6.7	3
	2	6 ⑦ ドウデュース	56	5-4-4-5	朝日杯FS(G1)1着	2.2	1
	3	6 ⑥ ボーンディスウェイ	56	3-3-4-3	ホープフルS(G1)5着	25.5	9

2022年4月17日　中山11R
皐月賞(GⅠ) 芝2000m良

	着	馬名	斤量	位置取り	前走成績	単勝オッズ	人気
◎	1	7 ⑭ジオグリフ	57	5-5-6-3	共同通信杯(G3)2着	9.1	5
△	2	8 ⑱イクイノックス	57	7-5-4-3	東京スポ杯2歳S(G2)1着	5.7	3
△	3	6 ⑫ドウデュース	57	15-15-16-14	弥生賞(G2)2着	3.9	1
△	4	1 ①ダノンベルーガ	57	5-5-6-3	共同通信杯(G3)1着	5.0	2
△	5	1 ②アスクビクターモア	57	1-1-1-1	弥生賞(G2)1着	9.9	6
	6	6 ⑪オニャンコポン	57	11-11-11-8	京成杯(G3)1着	19.0	8
△	7	3 ⑥ジャスティンロック	57	15-15-16-16	弥生賞(G2)4着	35.0	10
△	8	7 ⑮ラーグルフ	57	14-13-14-14	弥生賞(G2)11着	162.7	16
▲	9	5 ⑩ジャスティンパレス	57	17-17-14-12	ホープフルS(G1)2着	20.9	9
	10	4 ⑧ダンテスヴュー	57	7-8-8-8	きさらぎ賞(G3)2着	86.2	15
	11	7 ⑬ビーアストニッシド	57	3-3-4-3	スプリングS(G2)1着	72.7	13
	12	8 ⑰マテンロウレオ	57	18-18-18-18	弥生賞(G2)10着	84.7	14
△	13	2 ④キラーアビリティ	57	7-8-8-8	ホープフルS(G1)1着	7.6	4
△	14	4 ⑦ボーンディスウェイ	57	3-3-3-3	弥生賞(G2)3着	49.3	12
	15	3 ⑤グランドライン	57	13-13-11-12	スプリングS(G2)12着	210.9	17
△	16	8 ⑯デシエルト	57	2-2-2-2	若葉S(L)1着	15.5	7
○	17	5 ⑨サトノヘリオス	57	7-8-8-8	スプリングS(G2)3着	47.5	11
	18	2 ③トーセンヴァンノ	57	11-11-11-16	スプリングS(G2)13着	311.8	18

単勝910円　複勝240円 210円 140円　枠連1,730円
馬連3,570円　ワイド1,220円 530円 550円
馬単7,540円　三連複4,190円　三連単32,840円

重賞穴パターン 12

特殊な舞台で期待値の逆転現象

天皇賞春(GI)

SAMPLE RACE①

2022年5月1日　阪神11R　芝3200m稍重

馬名	性齢	斤量	単勝	人気	前走
1 ① アイアンバローズ	牡5	58	7.8	3	3.20 阪神大賞典(G2)・5人2着
1 ② ハーツイストワール	牡6	58	31.7	7	2.5 早春S(3勝)・2人1着
2 ③ ディバインフォース	牡6	58	67.9	12	3.26 日経賞(G2)・6人11着
2 ④ ユーキャンスマイル	牡7	58	78.6	13	3.20 阪神大賞典(G2)・6人5着
3 ⑤ マカオンドール	牡4	58	13.6	6	3.20 阪神大賞典(G2)・2人4着
3 ⑥ メロディーレーン	牝6	56	123.3	16	2.19 ダイヤモンドS(G3)・7人13着
4 ⑦ テーオーロイヤル	牡4	58	9.9	4	2.19 ダイヤモンドS(G3)・2人1着
4 ⑧ クレッシェンドラヴ	牡8	58	117.2	15	3.26 日経賞(G2)・8人4着
5 ⑨ ヒートオンビート	牡5	58	12.4	5	3.26 日経賞(G2)・2人3着
5 ⑩ トーセンカンビーナ	牡6	58	146.7	18	3.20 阪神大賞典(G2)・7人7着
6 ⑪ マイネルファンロン	牡7	58	82.9	14	1.23 AJCC(G2)・11人2着
6 ⑫ ハヤヤッコ	牡6	58	58.1	11	3.26 日経賞(G2)・13人5着
7 ⑬ ロバートソンキー	牡5	58	45.4	10	3.27 御堂筋S(3勝)・1人3着
7 ⑭ ヴァルコス	牡5	58	126.1	17	2.19 ダイヤモンドS(G3)・6人4着
7 ⑮ タガノディアマンテ	牡6	58	41.6	9	2.13 京都記念(G2)・8人2着
8 ⑯ タイトルホルダー	牡4	58	4.9	2	3.26 日経賞(G2)・1人1着
8 ⑰ シルヴァーソニック	牡6	58	35.8	8	3.20 阪神大賞典(G2)・3人3着
8 ⑱ ディープボンド	牡5	58	2.1	1	3.20 阪神大賞典(G2)・1人1着

が生じる重賞

週中の見解(netkeiba.comのコラムより)

基礎的な「ファクター」で予想していく

芝3000m以上の平地重賞はステイヤーズS、ダイヤモンドS、阪神大賞典、菊花賞、天皇賞春と番組が多くない。よって、これらの距離に出走する馬の大半が500m以上の距離延長等で出走してくることになります。

その結果、芝中距離とはまた違った適性が求められるにもかかわらず、芝中距離での馬個体の戦績などを当てにされオッズを形成していく……というのが現状です。

誤った馬個体での評価をされてオッズに歪みができるということは、裏を返せば「シンプルな基礎的な取捨」をしてあげるだけで、期待値を取れる可能性が高いということになります。まずは表1をご覧いただくとわかるように、この長距離重賞においては基礎的なファクターを評価してあげるだけで毎年のように複勝回収率が100%以上を達成できるようになっています。

少し条件が煩雑になっていますが、要は「前走好走していた普通の馬格の馬を狙え」ということになります。"競馬はそんなに簡単ではない！ とち狂っているのか？ "と言われてしまいそうですが、**長距離重賞においてはこんななんてことのないファクターで通用するほどに、「期待値のない方へ勝手にオッズが流動しやすい」といえる**でしょう。

大穴や年度に偏りが大きくあっての回収率ではなく、とにかく毎年のようにこのあたりのオッズが甘くなっている……というのが芝長距離重賞の最大にして唯一のポイントでしょう。

表1 2013～／芝3000m以上の重賞／単勝オッズ1～49.9倍／馬番1～14番／馬体重440～499kg／前回・今回10頭以上／前走1～9番人気／前走5着以内

年	着別度数	勝率	連対率	複勝率	単回値	複回値
2022年	1-1-2-5/9	11.1%	22.2%	44.4%	44	104
2021年	2-0-4-15/21	9.5%	9.5%	28.6%	61	168
2020年	2-2-5-9/18	11.1%	22.2%	50.0%	17	130
2019年	1-2-1-8/12	8.3%	25.0%	33.3%	23	124
2018年	4-1-3-10/18	22.2%	27.8%	44.4%	150	113
2017年	2-2-1-12/17	11.8%	23.5%	29.4%	34	113
2016年	4-2-4-9/19	21.1%	31.6%	52.6%	70	112
2015年	1-2-3-13/19	5.3%	15.8%	31.6%	16	123
2014年	3-1-2-2/8	37.5%	50.0%	75.0%	266	208
2013年	2-4-2-10/18	11.1%	33.3%	44.4%	43	206

集計期間：2013年～2022年4月17日

表2 表1該当馬／レース別成績

レース名	着別度数	勝率	連対率	複勝率	単回値	複回値
菊花賞	6-5-6-27/44	13.6%	25.0%	38.6%	70	141
天皇賞春	6-4-7-22/39	15.4%	25.6%	43.6%	86	173
ステイヤーズS	5-2-5-8/20	25.0%	35.0%	60.0%	87	111
ダイヤモンドS	4-3-4-22/33	12.1%	21.2%	33.3%	49	80
阪神大賞典	1-3-5-14/23	4.3%	17.4%	39.1%	13	185

また重賞による偏りも大きくありません（表2）。

ダイヤモンドSはハンデ重賞であることによって、シンプルすぎるファクターだけでは当たり前のように控除率分を差し引かれただけの【複勝回収率80%】に収束しているという点も、これら一連の流れを裏付けることとなり、面白い結果になっています。

今年の天皇賞春においては、枠番や当日のオッズ／馬体重を除いての段階なので上述の条件に合致する馬は以下の8頭と多い。

・アイアンバローズ
・シルヴァーソニック
・タイトルホルダー
・タガノディアマンテ
・テーオーロイヤル
・ハーツイストワール
・ヒートオンビート
・マカオンドール

これらの中でも天皇賞・春においては、斤量58kgを背負う影響から5歳を買いたい条件で、期待値を取れる舞台。当コラムでの推奨は上述の8頭の中から5歳馬のアイアンバローズ・ヒートオンビートの2頭としたいと思います。

週末の予想(ウマい馬券での印・買い目)

メシ馬の予想

11R 天皇賞(春) GI

5月1日(日) 15:40 阪神 芝3200m

予想印

◎	9	ヒートオンビート (5人気)
○	5	マカオンドール (6人気)
△	10	トーセンカンビーナ (18人気)
△	11	マイネルファンロン (14人気)
△	12	ハヤヤッコ (11人気)
△	13	ロバートソンキー (10人気)
△	18	ディープボンド (1人気)

【ご注意】予想の転載はお控えください

レース結果

着順	印	馬番	馬名	人気(単勝オッズ)
1		16	タイトルホルダー	2人気(4.9倍)
2	△	18	ディープボンド	1人気(2.1倍)
3		7	テーオーロイヤル	4人気(9.9倍)

もっとみる

買い目

券種・買い目	組み合わせ・点数
複勝 (通常)	5 4,500円
複勝 (通常)	9 4,500円
3連複 (フォーメーション)	馬1:18 馬2:5 9 馬3:5 9 10 11 12 13 9通り 各100円
合計	9,900円

払い戻し・収支

払い戻し金額	収支
0円	-9,900円

予想までの経緯や買い目の工夫について

58kgを背負って3200mを走る特殊な舞台

出走馬のうち、コラムで取り上げた条件に該当した馬は以下の6頭でした。

・アイアンバローズ
・ロバートソンキー
・テーオーロイヤル
・ハーツイストワール
・ヒートオンビート
・マカオンドール

さらにその中で、さすがにGＩ天皇賞春においては前走条件戦からいきなり好走というのは厳しいので、ハーツイストワール・ロバートソンキーを候補から外して以下の4頭まで絞りました。

・アイアンバローズ（3番人気）
・テーオーロイヤル（4番人気）
・ヒートオンビート（5番人気）
・マカオンドール（6番人気）

今年の天皇賞春ではこのファクターに該当する馬が3～6番人気の4頭と人気馬に集まっていて、いくら該当馬の成績が優秀だからと言っても、さすがに全馬を買って勝負するわけにはいきません。この中からさらに絞っていく必要があるので、全体としての評価ではなく、今年出走する馬・該当する馬の中で相対的評価をしていきました。

▶▶4歳馬
・マカオンドール（6番人気）
・テーオーロイヤル（4番人気）

▶▶5歳馬
・アイアンバローズ（3番人気）
・ヒートオンビート（5番人気）

天皇賞春は斤量58kgを背負った中での3200m戦という特殊舞台です。パワーがなければ上位に来ることができません。

人間と同じでスピードは加齢によって衰えますが、パワーは衰えるどころか強化されることもあります。そのため、まだまだスピード豊富な4歳ではなく、**これまで培ったパワーを十二分に発揮できる5歳以上の馬が期待値を取れる舞台**となります。

実際に天皇賞春においては4歳馬の成績が単勝回収率32%、複勝回収率48%と低調（表3）。反対に5歳以上の馬の成績は単勝回収率152%、複勝回収率112%。単勝適正回収率も110.3%で決してむやみやたらな大穴が数字を上げているわけではないことも証明されています。

表3 2012~2021／天皇賞春／年齢別成績

年齢	着別度数	勝率	連対率	複勝率	単回値	複回値
4歳	3-2-4-33/42	7.1%	11.9%	21.4%	32	48
5歳	6-3-1-40/50	12.0%	18.0%	20.0%	373	125
6歳	1-4-2-28/35	2.9%	14.3%	20.0%	13	103
7歳	0-0-3-17/20	0%	0%	15.0%	0	139
8歳	0-1-0-12/13	0%	7.7%	7.7%	0	106

そうした背景からコラムの推奨も5歳馬のアイアンバローズ・ヒートオンビートの2頭にしましたが、最終的には人気のないほうのヒートオンビートを本命にしました。

なぜ複勝を選択したのか?

結果としては、タイトルホルダー・ディープボンド、テーオーロイヤルと前で運んだ馬がそのまま残る流れになり、ヒートオンビートは4着。4角で前に進路がなくなる不利があっての4着でしたが、あの不利がなかったとしても3着争い僅差というところまででした。

タイトルホルダーとディープボンドが難しい8枠を引いたわけですが、タイトルホルダーは出脚から速いので枠はほぼ関係なく、ディープボンドも内で揉まれて良い馬ではないだけに、8枠という条件は有利ではないものの不利でもなく、結果的にはしっかりとポジションを取ってロスなく回った和田騎手の好騎乗が光りました。

またテーオーロイヤルも出脚が速く、しっかりと位置を取れたことで先行した強い馬がそのまま流れ込んだ形となりました。

しかし、この結果はある程度戦前から読めたとも言えます。

コラムで取り上げた時点では、タイトルホルダーもテーオーロイヤルも該当しており、条件から外したのはタイトルホルダーは枠、テーオーロイヤルは年齢で優先度を変えただけ。結果的にはタイトルホルダーは外枠でもすんなり先行してロスの少ない競馬ができました。テーオーロイヤルも条件に該当するも、オッズと該当馬の多さから年齢面で下げたのであって、評価を下げた馬ではありません。

この戦前から読めていたというのは、馬券にもきっちりと反映させています。

馬券は特にひねらず複勝に。これは今回の予想テーマがオッズの偏りを意識するということだっただけであって、タイトルホルダーやディープボンドの強い弱いの話を含めていません。

なので、タイトルホルダーの評価を上げるも下げるも、ディープボンドの評価を下げるも上げるもする必要がない（正確には今回のファクターだけではできない）ので、馬券の評価もヒートオンビートだけにする必要があるという判断から複勝メインにしています。

このあたりの人気馬の扱いについては、どのようなファクターでも良いですが**評価がハッキリとしている馬であれば、買う／消すを判断して良いと思いますが、評価がハッキリしないのであれば極力その馬の絡む馬券を買い控えるべき**だと思っています。

また今回はマカオンドールの複勝も推奨。セオリー的に複勝2点は無しと判断されると思いますが、今回は「条件に該当する馬の複勝をベタ買いでもプラス収支に」ということなので、条件に該当していて、かつ最も人気がない馬であったマカオンドールの複勝も入れることにしました。

これは**自分の本命がたとえ期待値を取れていたとしても、なんとなくで買い目に入れた人気馬が期待値を奪ってしまっていたら馬券的に勝てないからです。**複勝という買い目は長期ではなかなか勝ちにくい馬券であることから避けられがちですが、今回のように予想ファクターとの相性も相まって複勝が向いているレースもあるので、そういったレースでは積極的に複勝を選択します。

該当馬に比較的人気馬が多く、ヒートオンビートとマカオンドールの複勝を2点入れたとはいえ、いずれも複勝3倍程度しかつかないという点を考慮し、3連複も入れました。この買い目にしたのはそれぞれの複勝の拡大版として1番人気ディープボンドとのワイドをまず考え、それでも安いのでさらにワイドを拡大して3連複を選択したということです。金額的には予算の1/10なので最大限の上振れを狙ってタイトルホルダーやテーオーロイヤルを削る買い目にしました。中山牝馬Sでクリノプレミアムからのワイド800円で3万9940円の払い戻し（回収率5000%弱）を得るといった例でもわかるように、**少ない賭け金でもトータルで勝つためにはこうしたボーナスも大きな武器になります。**

2022年5月1日　阪神11R
天皇賞春（GⅠ）芝3200m稍重

	着	枠	馬番	馬名	斤量	位置取り	前走成績	単勝オッズ	人気
	1	8	⑯	タイトルホルダー	58	1-1-1-1	日経賞(G2)1着	4.9	2
△	2	8	⑱	ディープボンド	58	4-4-4-3	阪神大賞典(G2)1着	2.1	1
	3	4	⑦	テーオーロイヤル	58	4-4-2-2	ダイヤモンドS(G3)1着	9.9	4
◎	4	5	⑨	ヒートオンビート	58	9-11-9-7	日経賞(G2)3着	12.4	5
	5	1	①	アイアンバローズ	58	6-6-6-4	阪神大賞典(G2)2着	7.8	3
△	6	6	⑪	マイネルファンロン	58	9-9-7-7	AJCC(G2)2着	82.9	14
△	7	7	⑬	ロバートソンキー	58	12-12-12-11	御堂筋S(3勝)3着	45.4	10
	8	7	⑭	ヴァルコス	58	9-9-9-11	ダイヤモンドS(G3)4着	126.1	17
	9	3	⑥	メロディーレーン	56	7-8-7-10	ダイヤモンドS(G3)13着	123.3	16
△	10	5	⑩	トーセンカンビーナ	58	17-17-17-14	阪神大賞典(G2)7着	146.7	18
○	11	3	⑤	マカオンドール	58	13-14-9-9	阪神大賞典(G2)4着	13.6	6
	12	2	③	ディバインフォース	58	16-15-16-14	日経賞(G2)11着	67.9	12
	13	2	④	ユーキャンスマイル	58	14-12-12-11	阪神大賞典(G2)5着	78.6	13
	14	4	⑧	クレッシェンドラヴ	58	2-2-2-4	日経賞(G2)4着	117.2	15
△	15	6	⑫	ハヤヤッコ	58	14-15-12-14	日経賞(G2)5着	58.1	11
	16	1	②	ハーツイストワール	58	7-6-5-4	早春S(3勝)1着	31.7	7
	17	7	⑮	タガノディアマンテ	58	3-3-12-17	京都記念(G2)2着	41.6	9
	中	8	⑰	シルヴァーソニック	58		阪神大賞典(G2)3着	35.8	8

単勝490円　複勝180円 120円 260円　枠連450円
馬連520円　ワイド270円 950円 500円
馬単1,230円　三連複1,580円　三連単6,970円

重賞穴パターン 13

ダート戦は3歳で通用するかで将来

チャンピオンズC(GI)

SAMPLE RACE①

2022年12月4日　中京11R　ダ1800m良

馬名	性齢	斤量	単勝	人気	前走
1 ① グロリアムンディ	牡4	57	7.7	2	6.26 宝塚記念(G1)・13人12着
1 ② サンライズホープ	牡5	57	51.9	11	11.6 みやこS(G3)・11人1着
2 ③ ハピ	牡3	56	15.9	6	11.6 みやこS(G3)・3人4着
2 ④ スマッシングハーツ	牡6	57	41.4	10	11.12 武蔵野S(G3)・4人4着
3 ⑤ ジュンライトボルト	牡5	57	7.9	3	10.1 シリウスS(G3)・4人1着
3 ⑥ レッドガラン	牡7	57	189.2	13	10.30 天皇賞秋(G1)・14人14着
4 ⑦ オーヴェルニュ	牡6	57	38.7	9	11.3 JBCクラシック(Jpn1)・6人6着
4 ⑧ サンライズノヴァ	牡8	57	239.6	14	11.12 武蔵野S(G3)・13人9着
5 ⑨ ノットゥルノ	牡3	56	14.3	5	9.28 日本テレビ盃(Jpn2)・4人7着
5 ⑩ クラウンプライド	牡3	56	14.3	4	11.3 JBCクラシック(Jpn1)・2人2着
6 ⑪ バーデンヴァイラー	牡4	57	31.8	8	10.1 シリウスS(G3)・3人15着
6 ⑫ テーオーケインズ	牡5	57	1.5	1	11.3 JBCクラシック(Jpn1)・1人1着
7 ⑬ シャマル	牡4	57	23.2	7	10.10 南部杯(Jpn1)・3人3着
7 ⑭ タガノビューティー	牡5	57	130.2	12	11.12 武蔵野S(G3)・6人6着
8 ⑮ サクラアリュール	牡7	57	355.6	16	11.6 みやこS(G3)・10人9着
8 ⑯ レッドソルダード	セ4	57	267.1	15	10.23 ブラジルC(L)・5人5着

どこまで
性が見える

週中の見解（netkeiba.comのコラムより）

3歳時に古馬相手に見劣りしない競馬ができることが大きな条件

昨年のチャンピオンズカップではテーオーケインズが圧勝で見事に世代交代。

テーオーケインズを推した根拠として、**3歳時に古馬相手に見劣りしない競馬ができることが大きな条件**でした。

テーオーケインズのアンタレスS時（2021/04/18）本命にした際のコメント

3歳時に中央・混合重賞で通用する馬はカフェファラオやクリソベリル、ルヴァンスレーヴ・オメガパフューム・ノンコノユメ・ホッコータルマエなど次元がすこし違うが、3歳時に別定のOP（1800m～）で通用するレベルでも近年ではヒラボクラターシュ・サンライズソア・ケイティブレイブのみ。

ヒラボクラターシュは低レベル戦でのもので目を瞑れば、サンライズソアもケイティブレイブも4歳時にはGⅠで好走している。つまりテーオーケインズは今年GⅠで好走する下地があることになる。さらに勝馬オーヴェルニュは次走で東海Sを勝っていることからもヒラボクラターシュのようなケースではないのは明白。そもそも地方もカウントすれば3歳時に東京大賞典6着で今年活躍することの証明として十分だろう。

テーオーケインズのチャンピオンズカップ時（2021/12/05） 本命にした際のコメント

アンタレスSの次走、帝王賞を3馬身差で完勝したのは記憶に新しいところ。本来はすっとゲートも出る馬ですし、テンの行きっぷりも速い。内枠を引けば世代交代を期待しても良さそうです。あとは、当日勝負できるオッズであることを期待します。

表1 3歳時混合戦（OP）での結果とその後の実績／ダ1800m～

年	レース名	重量	馬名	人気	着順	翌年の主な成績
2020	ベテルギウスS（L）	別定	テーオーケインズ	1	2	帝王賞1着・チャンピオンズC1着
2018	ラジオ日本賞（OP）	別定	ヒラボクラターシュ	2	1	佐賀記念1着・名古屋大賞典2着
2017	ラジオ日本賞（OP）	別定	サンライズソア	1	3	JBCクラ3着・チャンピオンズC3着
2016	ラジオ日本賞（OP）	別定	ケイティブレイブ	1	2	帝王賞1着・JBCクラ2着

対象：2016年～2021年の3歳馬 ※その他、ハンデ戦でもチュウワウィザード、サンライズノヴァ等。

表2 3歳時混合戦（重賞）での結果とその後の実績／ダ1800m～

年	レース名	重量	馬名	人気	着順	翌年の主な成績
2020	シリウスS（G3）	ハンデ	カフェファラオ	1	1	フェブラリーS1着
2019	チャンピオンズC（G1）	定量	クリソベリル	2	1	帝王賞1着・JBCクラ1着
2018	シリウスS（G3）	ハンデ	オメガパフューム	2	1	帝王賞1着 東京大賞典1着
	JBCクラシック（Jpn1）	定量		2	2	
	チャンピオンズC（G1）	定量	ルヴァンスレーヴ	1	1	－
2016	みやこS（G3）	別定	グレンツェント	1	2	東海S1着
2015	シリウスS（G3）	ハンデ	ダノンリバティ	1	2	関屋記念2着
	チャンピオンズC（G1）	定量	ノンコノユメ	3	2	フェブラリーS2着・帝王賞2着
2014	みやこS（G3）	別定	ランウェイワルツ	9	2	－
2013	シリウスS（G3）	ハンデ	ケイアイレオーネ	5	1	－
	みやこS（G3）	別定	インカンテーション	7	2	エルムS3着・みやこS1着
2012	みやこS（G3）	別定	ホッコータルマエ	5	3	かしわ記念1着・帝王賞1着 JBCクラ1着・東京大賞典1着
	JCD（G1）	定量		9	3	

対象：2012年～2021年の3歳馬 ■はGI馬、■はGI掲示板経験馬

ダート戦は3歳でどこまで通用するかで将来性が見える

年が変わって今年の3歳世代はシリウスSでハピが2着、みやこSでもハピの4着・タイセイドレフォンの5着など総じてレベルが高い。また別定のOP（リステッド）でも、デシエルトが初の混合戦で勝利している。さらに地方重賞に目を向けるとJBCクラシックではクラウンプライド、ペイシャエスと2頭が馬券内に。過去のJBCクラシックで好走した3歳馬には2018年のオメガパフューム（その後東京大賞典4連覇）、2008年サクセスブロッケン（その後GⅠ級・2勝）、2007年フリオーソ（その後GⅠ級・4勝）と錚々たる名前が並ぶ。

テーオーケインズ以外で大きく新戦力として台頭したのはジュンライトボルト位のメンバーならば、今年は3歳馬クラウンプライド・ハピ・ノットゥルノの活躍に期待をしたいです。

週末の予想（ウマい馬券での印・買い目）

メシ馬の予想

11R チャンピオンズC GI

12月4日(日) 15:30 中京 ダ1800m

予想印

◎	3	ハピ (6人気)
○	4	スマッシングハーツ (10人気)
▲	7	オーヴェルニュ (9人気)
△	2	サンライズホープ (11人気)
△	9	ノットゥルノ (5人気)
△	10	クラウンプライド (4人気)
☆	12	テーオーケインズ (1人気)

【ご注意】予想の転載はお控えください

レース結果

着順	印	馬番	馬名	人気(単勝オッズ)
1		5	ジュンライトボルト	3人気(7.9倍)
2	△	10	クラウンプライド	4人気(14.3倍)
3	◎	3	ハピ	6人気(15.9倍)

もっとみる

買い目

券種・買い目	組み合わせ・点数
ワイド (フォーメーション)	馬1：3 馬2：2 4 7 3通り 各1,000円
ワイド (フォーメーション)	馬1：2 馬2：4 1通り 各500円
ワイド (フォーメーション)	馬1：7 馬2：2 4 2通り 各800円
3連複 (フォーメーション)	馬1：12 馬2：2 3 4 7 馬3：2 3 4 7 9 10 14通り 各100円
3連複 (フォーメーション)	馬1：12 馬2：3 馬3：2 4 7 9 10 5通り 各200円
3連複 (フォーメーション)	馬1：12 馬2：3 馬3：7 9 10 3通り 各500円
3連複 (フォーメーション)	馬1：12 馬2：10 馬3：2 4 7 3通り 各200円
3連複 (フォーメーション)	馬1：12 馬2：3 馬3：10 1通り 各400円
合計	10,000円

払い戻し・収支

払い戻し金額	収支
0円	-10,000円

予想までの経緯や買い目の工夫について

単勝1倍台の馬の正しい扱い方とは?

「テーオーケインズ以外で大きく新戦力として台頭したのはジュンライトボルト位のメンバーならば、今年は3歳馬クラウンプライド・ハピ・ノッ トゥルノの活躍に期待をしたい」

コラムではこう書いていましたが結果は、芝から転向してきてダート4戦目の新星ジュンライトボルトが勝ち切り、3歳のクラウンプライドとハピが2、3着に。そして自力No.1であったテーオーケインズが4着で、さらに別路線のシャマルが5着……。

ここまで見えていたにもかかわらず、◎ハピからオッズ妙味に揺れて既に力関係が明らかだと見えていた馬へ流したのが大反省点。素直にハピの単複＋ハピからクラウンプライド・ノットゥルノへのワイド(馬連)というような買い方にすべきでした。テーオーケインズが絶対的な存在であった(実際に能力面はそうでしたが気性面やレースでのロスなどがあった)という認識と、馬券で勝ちに行く・儲けるという観点での認識とのズレをズレと思わずに買い目を組んでしまったがゆえのミスでした。

一回きりのＧＩで是が非でも当てたいという方が多いので、そこへ寄せていったという含みもあるのですが、改めてこのデータ(表3)を見て私自身は当然のこと、どうしても**1倍台の人気馬を軸にしてしまうという方は考えを改めるべきでしょう。**

平地ＧＩにおいて単勝1～1.9倍の馬の複勝回収率が80%。パリミュチュエル方式である競馬において、ほぼすべての人が買ってしまっているので複勝回収率80%と収束しきっているという状態にあります。

もっと極端に言ってしまえば、ＧＩにおいて単勝1倍台の馬は「存

表3 2013〜2022/平地GⅠ/単勝オッズ1〜1.9倍

単勝オッズ	着別度数	勝率	複勝率	単回値	複回値
1.0〜1.4	11-2-1-3/17	64.7%	82.4%	85	90
1.5〜1.9	16-8-4-14/42	38.1%	66.7%	65	76
全体	27-10-5-17/59	45.8%	71.2%	71	80

表4 2013〜2022/ダートOP以上〜/世代別3歳時成績（勝率順）/3歳限定戦は除外

世代	着別度数	勝率	複勝率	単回値	複回値	単適正回値
2015年産	8-3-0-23/34	23.5%	32.4%	143	66	161.5
2016年産	3-1-1-10/15	20.0%	33.3%	76	48	89.0
2012年産	3-3-2-8/16	18.8%	50.0%	50	96	80.5
2010年産	3-2-1-12/18	16.7%	33.3%	110	93	117.8
2019年産	3-4-1-12/20	15.0%	40.0%	54	90	93.0
2017年産	3-2-2-18/25	12.0%	28.0%	26	84	59.5
2014年産	2-2-2-16/22	9.1%	27.3%	45	66	61.2
2013年産	1-4-1-12/18	5.6%	33.3%	8	60	29.5
2011年産	1-5-2-13/21	4.8%	38.1%	26	88	32.8
2018年産	1-0-0-20/21	4.8%	4.8%	30	15	29.6

在していない」のと同義であって、たとえその1倍台の馬を本命にして3連系馬券を流していたとしても、結局勝敗を分けるのは相手として買っている馬がいかに期待値を取れているか、ということになります。

ならば、**単勝1倍台の馬は一切買う必要がなく、先述の本命馬の単複＋ワイド（馬連）という形がベスト**だったでしょう。

結果的に、ハピをはじめとする2019年産（現4歳世代）はここ数年の世代の中では優秀な数字を残しました。しかしながら、ルヴァンスレーヴ・オメガパフューム・チュウワウィザードなどを擁した2015年産や、歴代最強馬であったと思っているクリソベリル擁す2016年産などには遥かに及びません（表4）。

ダート戦は3歳でどこまで通用するかで将来性が見える

それでいてなぜ、**チャンピオンズカップ史上初めて3歳馬が2頭馬券になるという快挙を達成したかというと、「競馬はあくまで相対評価であること」がポイントだからです。**

つまり、2019年産（現4歳世代）の主な相手は、2018年産（現5歳世代）・2017年産（現6歳世代）・2016年産（現7歳世代）であり、それらの年代とのレースにより着差が決まるわけです。

2022年のチャンピオンズカップは出走馬16頭の内訳は以下。

2019年産（現4歳世代）:3頭
2018年産（現5歳世代）:4頭
2017年産（現6歳世代）:4頭
2016年産（現7歳世代）:2頭
2015年産（現8歳世代）:2頭
2014年産（現9歳世代）:1頭

出走数の多い現5歳世代は歴代でもかなりレベルの低い年。そして2016年産以前は表4に集計される馬が出走しているわけではなく、年齢を重ね出走回数を重ねて賞金を獲得してきたからこそ出走してきている馬ばかりであって、実際に当該レースでも人気している馬は皆無でした。

こういった背景が重なったことで、2017年産（現6歳世代）のジュンライトボルト・テーオーケインズ・サンライズホープ、2019年産（現4歳世代）のクラウンプライド・ハピが上位独占という結果になったのでしょう。

これをさらに深堀すると、これからダート路線は新世代にすべて主役の座を奪われる可能性があることがわかります。チャンピオンズカップでの3歳馬のワンツースリーはそう遠くない未来に訪れると見ています。

2022年12月4日　中京11R
チャンピオンズC（GI）ダ1800m良

	着	馬名	斤量	位置取り	前走成績	単勝オッズ	人気
	1	3⑤ジュンライトボルト	57	9-9-8-10	シリウスS(G3)1着	7.9	3
△	2	5⑩クラウンプライド	56	2-2-2-2	JBCクラシック(G1)2着	14.3	4
◎	3	2③ハピ	56	3-3-4-4	みやこS(G3)4着	15.9	6
☆	4	6⑫テーオーケインズ	57	6-6-4-4	JBCクラシック(G1)1着	1.5	1
	5	7⑬シャマル	57	3-3-3-2	南部杯(G1)3着	23.2	7
△	6	1②サンライズホープ	57	16-15-12-10	みやこS(G3)1着	51.9	11
○	7	2④スマッシングハーツ	57	6-6-8-8	武蔵野S(G3)4着	41.4	10
△	8	5⑨ノットゥルノ	56	6-6-7-7	日本テレビ盃(G2)7着	14.3	5
▲	9	4⑦オーヴェルニュ	57	5-5-4-4	JBCクラシック(G1)6着	38.7	9
	10	7⑭タガノビューティー	57	14-14-12-13	武蔵野S(G3)6着	130.2	12
	11	3⑥レッドガラン	57	11-10-12-13	天皇賞秋(G1)14着	189.2	13
	12	1①グロリアムンディ	57	11-10-12-13	宝塚記念(G1)12着	7.7	2
	13	8⑮サクラアリュール	57	14-15-8-8	みやこS(G3)9着	355.6	16
	14	6⑪バーデンヴァイラー	57	10-10-8-10	シリウスS(G3)15着	31.8	8
	15	4⑧サンライズノヴァ	57	13-13-16-16	武蔵野S(G3)9着	239.6	14
	16	8⑯レッドソルダード	57	1-1-1-1	ブラジルC(L)5着	267.1	15

単勝790円　複勝260円 360円 400円　枠連2,180円
馬連4,850円　ワイド1,330円 1,290円 1,920円
馬単10,130円　三連複14,020円　三連単81,360円

ダート戦は3歳でどこまで通用するかで将来性が見える

相対評価によってレベルが高いことがわかった3歳世代は3頭出走。そのうちクラウンプライドとハピが2、3着に好走した。

重賞穴パターン 14

2歳戦は戦績よりも経験値

阪神JF（GⅠ）

SAMPLE RACE①

2022年12月11日　阪神11R　芝1600m良

馬名	性齢	斤量	単勝	人気	前走
1 ① サンティーテソーロ	牝2	54	11.1	5	10.2 サフラン賞(1勝)・1人1着
1 ② キタウイング	牝2	54	31.1	8	8.28 新潟2歳S(G3)・4人1着
2 ③ シンリョクカ	牝2	54	53.9	12	10.10 新馬・4人1着
2 ④ アロマデローサ	牝2	54	60.6	13	11.5 ファンタジーS(G3)・1人10着
3 ⑤ モリアーナ	牝2	54	6.4	2	8.13 コスモス賞(OP)・1人1着
3 ⑥ ミスヨコハマ	牝2	54	52.4	11	11.20 赤松賞(1勝)・5人1着
4 ⑦ ハウピア	牝2	54	346.4	18	10.8 未勝利・4人1着
4 ⑧ エイムインライフ	牝2	54	259.5	17	11.27 白菊賞(1勝)・3人6着
5 ⑨ リバティアイランド	牝2	54	2.6	1	10.29 アルテミスS(G3)・1人2着
5 ⑩ ミシシッピテソーロ	牝2	54	221.7	16	10.29 アルテミスS(G3)・5人9着
6 ⑪ イティネラートル	牝2	54	190.6	15	10.10 りんどう賞(1勝)・3人1着
6 ⑫ リバーラ	牝2	54	32.8	9	11.5 ファンタジーS(G3)・10人1着
7 ⑬ ドゥアイズ	牝2	54	44.5	10	9.3 札幌2歳S(G3)・6人2着
7 ⑭ ブトンドール	牝2	54	21.0	7	11.5 ファンタジーS(G3)・2人2着
7 ⑮ ムーンプローブ	牝2	54	76.7	14	11.27 白菊賞(1勝)・4人1着
8 ⑯ ドゥーラ	牝2	54	14.4	6	9.3 札幌2歳S(G3)・1人1着
8 ⑰ ウンブライル	牝2	54	6.6	3	10.16 もみじS・1人1着
8 ⑱ ラヴェル	牝2	54	7.1	4	10.29 アルテミスS(G3)・3人1着

に注目すべき

週中の見解(netkeiba.comのコラムより)

特に重要な3点を持つ馬は
レース着順以上に評価できる

2歳戦はスローペースの逃げ切りや直線一気の追い込み等、まだ馬が若い故に大味な競馬での決着機会が多い。しかし2歳戦とはいえGIとなれば多頭数での競馬になり、スタートも道中も直線も古馬さながらに総合力を求められるようになる。

結果、スタートに難がある馬は前半の位置取り争いで苦戦してしまって追い込むも届かず…といった競馬や、逃げや番手など揉まれない競馬でマイペースで走ってきた馬が馬群で揉まれて何もできず終いになるというケースは少なくない。

そういったレースをあまた見ている中で、反対に**新馬戦での経験値という着順に大きく反映されない評価ポイントがある**ことに気付きました。

その中でも特に重要なのは以下の3点。

❶道中でポジションを押し上げる能力
❷馬群での経験
❸折合い

特に**❶❷❸を全て持ち合わせている馬は、2歳時において非常に武器となり得る「自在さ」を持ち合わせている**として、レース着順以上に評価できるパフォーマンスとして捉えることができます。

上記❶❷❸をすべて満たしている馬を、❶❸の観点から初角～4

表1 2012~2021／2歳GI／単勝オッズ1~49.9倍／馬番1~10番／前走初角5番手以下／前走4角5番手以内

単勝オッズ	着別度数	勝率	連対率	複勝率	単回値	複回値
2.0～2.9	1-1-1-0/3	33.3%	66.7%	100%	66	120
3.0～3.9	0-0-1-0/1	0%	0%	100%	0	110
4.0～4.9	0-0-1-0/1	0%	0%	100%	0	170
5.0～6.9	0-1-0-0/1	0%	100%	100%	0	150
7.0～9.9	0-0-1-1/2	0%	0%	50.0%	0	120
10.0～14.9	1-0-0-0/1	100%	100%	100%	1460	340
20.0～29.9	0-0-1-1/2	0%	0%	50.0%	0	245
30.0～49.9	0-1-1-1/3	0%	33.3%	66.7%	0	710
全成績	2-3-6-3/14	14.3%	35.7%	78.6%	118	285

※前走地方を除く

表2 上記条件の該当馬

年度	レース名	馬名	人気	着順	前走位置取り
2021年	ホープフルS(G1)	ラーグルフ	8	3	7-7-7-5
	朝日杯FS(G1)	セリフォス	1	2	6-4
	朝日杯FS(G1)	アルナシーム	8	4	12-2-1
2020年	朝日杯FS(G1)	レッドベルオーブ	1	3	5-5
	阪神JF(G1)	ジェラルディーナ	8	7	9-5
2019年	ホープフルS(G1)	コントレイル	1	1	5-5-5
	ホープフルS(G1)	ワーケア	2	3	5-5-4
	阪神JF(G1)	マルターズディオサ	6	2	8-5-4
	阪神JF(G1)	クラヴァシュドール	3	3	5-5
2018年	ホープフルS(G1)	アドマイヤジャスタ	2	2	6-5-3-3
	ホープフルS(G1)	ブレイキングドーン	4	5	5-5-5-5
2017年	阪神JF(G1)	マウレア	4	3	5-4
2013年	阪神JF(G1)	レッドリヴェール	5	1	9-10-8-4
2012年	阪神JF(G1)	レッドセシリア	10	3	5-5

角でポジションの押し上げができている馬、❷の観点から馬番1～10番という条件で見ると、2012年以降の2歳GⅠ(阪神JF、朝日杯FS、ホープフルS)において抜群の成績を残しています(表1、表2)。

今年の出走馬で該当する馬は2頭で、札幌2歳Sの1、2着馬ドゥーラとドゥアイズ。枠番次第ではありますが、1～10番に入った馬は上記に該当する馬として有力1頭になると見ています。

2022年9月3日　札幌11R
札幌2歳S(GⅢ) 芝1800m良

着	馬名	性齢	斤量	タイム	位置取り	単勝オッズ	人気
1	7 ⑫ドゥーラ	牝2	54	1.50.0	**6-5-5-4**	4.2	1
2	8 ⑬ドゥアイズ	牝2	54	1.50.1	**8-5-4-2**	14.6	6
3	1 ①ダイヤモンドハンズ	牡2	54	1.50.4	13-13-13-11	6.1	4

週末の予想(ウマい馬券での印・買い目)

メシ馬の予想

11R 阪神JF GI

12月11日(日) 15:40 阪神 芝1600m

予想印

◎	5	モリアーナ (2人気)
○	9	リバティアイランド (1人気)
▲	13	ドゥアイズ (10人気)
△	1	サンティーテソーロ (5人気)
△	3	シンリョクカ (12人気)
△	6	ミスヨコハマ (11人気)
△	16	ドゥーラ (6人気)

【ご注意】予想の転載はお控えください

レース結果

着順	印	馬番	馬名	人気(単勝オッズ)
1	○	9	リバティアイランド	1人気(2.6倍)
2	△	3	シンリョクカ	12人気(53.9倍)
3	▲	13	ドゥアイズ	10人気(44.5倍)

もっとみる ›

買い目

券種・買い目	組み合わせ・点数
3連複 (フォーメーション)	馬1：5 馬2：9 馬3：1 3 6 13 16 5通り 各500円
3連複 (フォーメーション)	馬1：5 馬2：9 馬3：1 6 13 16 4通り 各1,100円
3連複 (フォーメーション)	馬1：5 馬2：1 6 13 16 馬3：1 6 13 16 6通り 各500円
合計	9,900円

払い戻し・収支

払い戻し金額	収支
0円	-9,900円

予想までの経緯や買い目の工夫について

道中の押し上げ経験馬が今年も活躍するという結果でしたが……

コラムで評価していたドゥーラとドゥアイズ。

最終的な評価でこの2頭ではドゥアイズを上に取りましたが、結果は10番人気3着。コラムに記した通り道中の押し上げ経験馬が今年も活躍するという結果になりました。

素直にその2頭の単複で良いはずが、ここでも軸を変更する愚行……。とはいえ、信念があったからこその変更ではありましたし、予想考察文にも記載した「鞍上は不安」の通りに、直線で外へ出す際に横の馬へタックルしてしまい、その影響で馬が転倒してしまいそうになるほどの大きな不利があっての敗戦でした。

まともなら走れていたと思うので後悔はありません。

そのモリアーナについての考察は以下のとおりです。

実際の予想文から抜粋

新馬の後半4F45.7はサリオスやグランアレグリアレベル。その時計を秋ではなく、6月に出している点で非常に価値が高い。鞍上は不安だが、シンプルに世代最上位なのは間違いなく評価。

表3は東京芝1600mの2歳戦で後半4Fが46秒以下だったレースをまとめたものです。ただし、一連の結果を知った今だと、2022年は手元の時計補正以上に時計が出やすい馬場だった可能性があり、このランク内に2022年のレースが5つもあるという点を、すんなりハイレベルととらえるべきではなく、プラスアルファで評価できる点をもう少し探すべきだったのかもしれません。

表3 2歳戦／東京芝1600m／後半4F=46秒以下のレース

順位	日付	勝率	1着タイム	1着入線馬名	後4F
1	2019.10.5	サウジアラビアRC（G3）	1.32.7	サリオス	45.5
2	2018.6.3	新馬	1.33.6	グランアレグリア	45.7
3	2018.10.6	サウジアラビアRC（G3）	1.34.0	グランアレグリア	45.7
4	2022.11.19	新馬・牝	1.35.7	モズメイメイ	45.7
5	2022.11.13	新馬	1.36.6	トラマンダーレ	45.7
6	2022.6.5	新馬・牝	1.36.9	モリアーナ	45.7
7	2022.11.12	新馬・牝	1.34.1	ライトクオンタム	45.9
8	2019.10.26	アルテミスS（G3）	1.34.3	リアアメリア	45.9
9	2018.10.27	未勝利	1.36.4	ヘイワノツカイ	45.9
10	2022.10.29	アルテミスS（G3）	1.33.8	ラヴェル	46.0
11	2021.11.21	赤松賞（1勝C）	1.33.8	ナミュール	46.0
12	2021.6.26	未勝利	1.35.8	フェスティヴボス	46.0

集計期間：～2023年2月19日

2022年12月11日　阪神11R
阪神JF（GⅠ）芝1600m良

	着	馬名	斤量	位置取り	前走成績	単勝オッズ	人気
○	1	5 ⑨ リバティアイランド	54	8-8	アルテミスS(G3)2着	2.6	1
△	2	2 ③ シンリョクカ	54	8-8	新馬1着	53.9	12
▲	3	7 ⑬ ドゥアイズ	54	12-12	札幌2歳S(G3)2着	44.5	10
	4	2 ④ アロマデローサ	54	6-4	ファンタジーS(G3)10着	60.6	13
	5	5 ⑩ ミシシッピテソーロ	54	10-10	アルテミスS(G3)9着	221.7	16
△	6	8 ⑯ ドゥーラ	54	17-17	札幌2歳S(G3)1着	14.4	6
△	7	1 ① サンティーテソーロ	54	1-1	サフラン賞(1勝)1着	11.1	5
	8	4 ⑧ エイムインライフ	54	15-16	白菊賞(1勝)6着	259.5	17
△	9	3 ⑥ ミスヨコハマ	54	10-10	赤松賞(1勝)1着	52.4	11
	10	7 ⑭ ブトンドール	54	14-13	ファンタジーS(G3)2着	21.0	7
	11	8 ⑱ ラヴェル	54	17-17	アルテミスS(G3)1着	7.1	4
◎	12	3 ⑤ モリアーナ	54	6-7	コスモス賞(OP)1着	6.4	2
	13	6 ⑪ イティネラートル	54	2-2	りんどう賞(1勝)1着	190.6	15
	14	1 ② キタウイング	54	5-4	新潟2歳S(G3)1着	31.1	8
	15	8 ⑰ ウンブライル	54	15-14	もみじS1着	6.6	3
	16	4 ⑦ ハウピア	54	12-14	未勝利1着	346.4	18
	17	7 ⑮ ムーンプローブ	54	2-4	白菊賞(1勝)1着	76.7	14
	18	6 ⑫ リバーラ	54	2-3	ファンタジーS(G3)1着	32.8	9

単勝260円　複勝140円 910円 560円　枠連3,920円
馬連7,550円　ワイド2,540円 1,580円 15,800円
馬単9,980円　三連複64,960円　三連単178,460円

重賞穴パターン 15

荒れやすいレースはじめから決まっ

フローラS（GⅡ）

SAMPLE RACE①

2021年4月25日　東京11R　芝2000m良

馬名	性齢	斤量	単勝	人気	前走
1 ① ウインアグライア	牝3	54	15.1	7	1.23　若駒S(L)・5人1着
1 ② グローリアスサルム	牝3	54	76.6	13	3.2　フラワーC(G3)・8人8着
2 ③ ユーバーレーベン	牝3	54	3.5	2	3.2　フラワーC(G3)・1人3着
2 ④ レッジャードロ	牝3	54	163.3	17	4.11　1勝クラス(牝)・3人9着
3 ⑤ スノークォーツ	牝3	54	22.0	9	11.8　新馬・5人1着
3 ⑥ ルース	牝3	54	42.9	11	3.2　フラワーC(G3)・4人9着
4 ⑦ メイサウザンアワー	牝3	54	13.6	6	11.22　赤松賞(1勝)・2人2着
4 ⑧ オヌール	牝3	54	3.3	1	3.7　アルメリアS(1勝)・1人1着
5 ⑨ パープルレディー	牝3	54	7.2	3	2.7　ゆりかもめ賞(1勝)・6人1着
5 ⑩ ララサンスフル	牝3	54	49.2	12	2.27　未勝利・3人1着
6 ⑪ スノーハレーション	牝3	54	95.3	15	2.13　未勝利(牝)・3人1着
6 ⑫ スライリー	牝3	54	88.3	14	2.13　クイーンC(G3)・16人10着
7 ⑬ ジェニーアムレット	牝3	54	20.1	8	2.6　未勝利・2人1着
7 ⑭ オメガロマンス	牝3	54	28.8	10	3.28　ミモザ賞(1勝)・2人6着
8 ⑮ クールキャット	牝3	54	11.8	5	3.2　フラワーC(G3)・7人5着
8 ⑯ アンフィニドール	牝3	54	11.6	4	3.2　未勝利・6人1着
8 ⑰ エトワールマタン	牝3	54	147.5	16	3.2　フラワーC(G3)・12人6着

週中の見解（netkeiba.comのコラムより）

穴になる馬の特徴は2つ！

日本の全平地重賞の過去10年において、全頭の複勝を買ってプラスになる重賞は全139重賞のうち10重賞。その中でも上から5番目に位置するのがフローラSとなっています。

表1　全馬の複勝を買ってもプラスになる重賞

レース名	着別度数	勝率	連対率	複勝率	単回値	複回値
七夕賞	10-10-10-123/153	6.5%	13.1%	19.6%	142	123
ヴィクトリアマイル	10-10-10-146/176	5.7%	11.4%	17.0%	67	115
福島牝馬S	10-10-10-119/149	6.7%	13.4%	20.1%	84	113
函館スプリントS	10-10-10-107/137	7.3%	14.6%	21.9%	102	108
フローラS	10-10-10-145/175	5.7%	11.4%	17.1%	63	107
函館記念	10-10-10-129/159	6.3%	12.6%	18.9%	88	107
ローズS	10-10-10-124/154	6.5%	13.0%	19.5%	43	107
京都大賞典	10-10-10-96/126	7.9%	15.9%	23.8%	241	103
京阪杯	10-10-11-138/169	5.9%	11.8%	18.3%	79	102
天皇賞春	10-10-10-138/168	6.0%	11.9%	17.9%	128	100

集計期間：2011年～2021年4月4日

何故これだけ荒れやすいのかというと、牝馬路線のレース編成に要因があるでしょう。

2歳～3歳春は1600mで桜花賞を最終目標にしていた馬たちが多く、番組編成的にも2歳時に組まれるOP以上の牝馬限定戦はアルテミスS（東京芝1600m）、ファンタジーS（京都芝1400m・2020年は阪神開催）、阪神JF（阪神芝1600m）しかなく、3歳の3月までに組まれている番組もフェアリーS・紅梅S・エルフィンS・クイーンC・チューリップ賞・フィリーズレビュー・アネモネS・フラワーCで、フラワーCは芝1800mであるもののその他は1600m以下戦となっていることで、フローラSでは距離延長馬が出走馬の7割を占める特殊な条件となります。

この特殊な番組編成により、**通常であれば実力上位と判断できそうな“重賞に出走していた馬”たちの芝2000mへの適性が全く見えない中で行われるため、時に大荒れを引き起こしやすい**のです。

実際に、OP／重賞に出走していた実績馬が1-4-4-51/60で単勝回収率8%・複勝回収率52%と全く走らず、前走条件戦に出走していた馬が9-6-6-85/106で単勝回収率100%・複勝回収率142%となっています。

ただし、条件戦組の成績が優秀といえど、「中山芝2000m」で好走組は1-3-0-26/30で単勝回収率38%・複勝回収率62%と全く走らないことも特徴。舞台適性の違う中山芝2000mで好走したからと言って、2000mの距離がこなせる！と判断するのは危険であると言えます。

まとめると、フローラSで穴になる馬の特徴は以下の2つ。

・前走条件戦組
・2000mに適性のある馬

特徴がわかったところで、今年の出走馬を分析していきましょう。

荒れやすいレースははじめから決まっている

馬名	前走コース	前走レース名	前走距離
アンフィニドール	阪神	未勝利	1800
ウインアグライア	中京	若駒S(L)	2000
エトワールマタン	中山	フラワーC(G3)	1800
オヌール	阪神	アルメリア賞(1勝)	1800
オメガロマンス	中山	ミモザ賞・1勝	2000
クールキャット	中山	フラワーC(G3)	1800
グローリアスサルム	中山	フラワーC(G3)	1800
ジェニーアムレット	東京	未勝利	2400
スノークォーツ	東京	新馬	2000
スノーハレーション	東京	未勝利・牝	1800
スライリー	東京	クイーンC(G3)	1600
パープルレディー	東京	ゆりかもめ賞(1勝)	2400
メイサウザンアワー	東京	赤松賞・1勝	1600
ユーバーレーベン	中山	フラワーC(G3)	1800
ララサンスフル	中山	未勝利	2000
ルース	中山	フラワーC(G3)	1800
レッジャードロ	中山	1勝クラス・牝	1800

▒:距離延長　▒:同距離　▒:距離短縮

前走重賞／OP組は人気だけ集めるのでハナから妙味無しで前走未勝利／1勝クラスに限定し、さすがに未勝利／1勝クラスで勝ち負けできていない馬が格上挑戦で通用は難しいことから、前走1・2着馬に限定します。

馬名	前走コース	前走レース名	前走距離
アンフィニドール	阪神	未勝利	1800
オヌール	阪神	アルメリア賞(1勝)	1800
ジェニーアムレット	東京	未勝利	2400
スノーハレーション	東京	未勝利・牝	1800
パープルレディー	東京	ゆりかもめ賞(1勝)	2400
メイサウザンアワー	東京	赤松賞・1勝	1600
ララサンスフル	中山	未勝利	2000

これらの馬をさらに分析して行くことにしましょう。

ララサンスフル

前走は未勝利勝ちではあるが、前走同組は次走で好走した馬も1頭とメンバーレベルに恵まれたことでの勝利。重賞挑戦で通用する判断材料がない。

オヌール

全姉：デゼルで前評判も姉以上との噂だった馬で、ここ2走は遊びながらきっちり勝ち切る競馬でいかにも”強い馬”というパフォーマンス。そのレースぶり・血統背景から人気必至で人気する馬はピックアップ外なので穴馬を見つけるコーナーであるここでは対象から外す。

メイサウザンアワー

近10年で見ると前走条件戦・1600mから400mの延長で通用した馬はいないが、2010年にアグネスワルツが2着になっている。そのアグネスワルツは結果オークスでも穴をあけたように長めの距離が合っていた馬だった。とはいえ赤松賞はアカイトリノムスメの2着でメンバーレベルも高かっただけに、ヒモでの当落線上での判断が必要でしょう。

残るアンフィニドール／ジェニーアムレット／スノーハレーション／パープルレディーはいずれも穴馬の資格を十二分に持っていると思いますが、その中でもスローペースでのキレ勝負を制してきたスノーハレーション・パープルレディーよりも追走力を求められてからの末脚を引き出してきたアンフィニドールとジェニーアムレットを上に評価したいと思います。

週末の予想（ウマい馬券での印・買い目）

メシ馬の予想

11R フローラS GII

4月25日(日) 15:45 東京 芝2000m

予想印

◎	2	グローリアスサルム (13人気)
○	3	ユーバーレーベン (2人気)
▲	12	スライリー (14人気)
△	6	ルース (11人気)
△	11	スノーハレーション (15人気)
△	13	ジェニーアムレット (8人気)
△	14	オメガロマンス (10人気)
△	17	エトワールマタン (16人気)
☆	9	パープルレディー (3人気)
☆	15	クールキャット (5人気)

【ご注意】予想の転載はお控えください

レース結果

着順	印	馬番	馬名	人気(単勝オッズ)
1	☆	15	クールキャット	5人気(11.8倍)
2	▲	12	スライリー	14人気(88.3倍)
3	○	3	ユーバーレーベン	2人気(3.5倍)

もっとみる ›

買い目

券種・買い目	組み合わせ・点数
複勝 (通常)	2 2,500円
ワイド (フォーメーション)	馬1 : 3 馬2 : 11 12 14 3通り 各1,000円 払い戻し 3-12：1,000円x47.5倍=47,500円 的中
馬単 (1着流し)	1着軸: 3 相手 : 2 6 9 11 12 13 14 15 17 9通り 各100円
3連複 (1軸流し)	軸 : 3 相手 : 2 6 9 11 12 13 15 17 36通り 各100円 払い戻し 3-12-15：100円x409.4倍=40,940円 的中
合計	10,000円

払い戻し・収支

払い戻し金額	収支
88,440円	+78,440円

予想までの経緯や買い目の工夫について

一撃のある本命と連軸を分けて買い目を構築

コラム推奨のアンフィニドールは当日4番人気と相当な人気を集めていただけに軽視。それ以上に、矢作厩舎の馬ながら川島騎手デビュー、川島騎手継続騎乗は驚きだったが、ここで乗り替わらないということは勝負気配も薄いなという判断もありました。

そもそも矢作厩舎の馬で川島騎手デビューは2012年以降で11頭しかいません。そのうち3着以内に好走したのはタイセイラビッシュ、サトノオニキス、サトノインプレッサ、アンフィニドールの4頭で、勝ち上がりはサトノインプレッサとアンフィニドールのみ。前2頭はそれぞれ岩田康騎手・坂井騎手へスイッチして2勝を上げましたし、サトノインプレッサは毎日杯GⅢで武豊騎手へ乗り替わって重賞を勝利しました。

その背景もあってここでスイッチしない点が気にかかり、人気なら潔く消すことにしました。

ジェニーアムレットはバテない良い脚を持っているものの、バテないタイプは仕掛け所が非常に難しいという弱点があります。前走の未勝利勝ちは非常に強かったものの、東京芝2400mで3角前から捲りが入るという超異例のレースで、逃げていた所を捲られてペースアップという他力があってこその競馬でした。

さらに、重賞ではとにかく消極的な競馬をする三浦騎手の継続騎乗では前走のような早めに脚を使って動かしていく競馬はできないと判断して、こちらも本命候補から外しました。

その判断は間違ってなく、レース前に陣営は「スタミナが武器で消耗戦にしたい」とコメントしていましたが、実際のレースではスタート後から手綱を引いて後方に控え、道中も動くわけでもなく、直線でのキレ勝負で凡走。レース前からプランがはっきりあるのに遂行できない点を戦前から察知できたのは良かったと思います。

最終的に本命にしたのはフリージア賞でイルーシヴパンサーと0.3秒差で走ったグローリアスサルムでした。イルシーヴパンサーがこの次走でスプリングS4着と実績を残していた点、また中山2200mの未勝利戦でソーヴァリアントに勝利している点等から距離への不安も少ないと判断して本命にしました。これは、イルーシヴパンサーやソーヴァリアント、フラワーカップで僅差だったユーバーレーベンの活躍を見ても、今でも後悔のない本命です。

このフローラS以降は、3歳1勝クラスを直線致命的な不利で3着、3歳以上1勝クラスを4角で外に大きく膨れるハチャメチャな競馬で勝利して力を見せた後、理由も特に公表されないまま引退……その続きが見たかった馬です。

また、今でこそ認識が改まったかもしれませんが、当時はゴールドシップ産駒の東京競馬場は父の現役時のイメージからかかなり嫌われていた印象でした。そのためユーバーレーベンを以下のように評して、この馬が2番人気で買えるようなら素直に軸としました。

実際の予想文から抜粋

ゴールドシップ産駒はイメージとして得意そうな中山・阪神と違い東京・新潟で良績。とくにキレが求められる1800はダメだが、スタミナが問われる2000m以上が合う。さらに屈指のスタミナが求められるこの舞台は絶好になる。阪神JF1・2着がそのまま桜花賞でワンツーした背景がありながら、その阪神JF3着馬がこのオッズで買えるのはオッズ的にかなり甘め。

予想自体は◎グローリアスサルムとしましたが、あくまでユーバーレーベンはここはしっかり走るし妙味もあるとして連勝馬券は

○ユーバーレーベンからという買い目にしました。その結果、▲スライリー（前走クイーンC組超ハイレベル＋当馬は直線不利）がハマって高配当という納得いくレースでした（※スライリーの父オルフェーヴルの産駒は距離短縮＜距離延長という珍しいタイプの種牡馬でこれがハマッた形でもありました）。

2021年4月25日　東京11R
フローラS（GⅡ）芝2000m良

	着	枠	馬番	馬名	斤量	位置取り	前走成績	単勝オッズ	人気
☆	1	8	⑮	クールキャット	54	4-4-4	フラワーC（G3）5着	11.8	5
▲	2	6	⑫	スライリー	54	3-2-2	クイーンC（G3）10着	88.3	14
○	3	2	③	ユーバーレーベン	54	9-8-10	フラワーC（G3）3着	3.5	2
	4	4	⑦	メイサウザンアワー	54	4-4-4	赤松賞（1勝）2着	13.6	6
	5	1	①	ウインアグライア	54	6-6-6	若駒S（L）1着	15.1	7
☆	6	5	⑨	パープルレディー	54	12-11-13	ゆりかもめ賞（1勝）1着	7.2	3
	7	2	④	レッジャードロ	54	9-8-8	1勝クラス（牝）9着	163.3	17
	8	4	⑧	オヌール	54	8-8-8	アルメリアS（1勝）1着	3.3	1
	9	5	⑩	ララサンスフル	54	2-2-2	未勝利1着	49.2	12
△	10	8	⑰	エトワールマタン	54	9-11-11	フラワーC（G3）6着	147.5	16
◎	11	1	②	グローリアスサルム	54	17-14-14	フラワーC（G3）8着	76.6	13
△	12	3	⑥	ルース	54	16-16-17	フラワーC（G3）9着	42.9	11
	13	8	⑯	アンフィニドール	54	1-1-1	未勝利1着	11.6	4
△	14	7	⑭	オメガロマンス	54	14-14-16	ミモザ賞（1勝）6着	28.8	10
△	15	6	⑪	スノーハレーション	54	15-16-14	未勝利（牝）1着	95.3	15
△	16	7	⑬	ジェニーアムレット	54	6-6-6	未勝利1着	20.1	8
	17	3	⑤	スノークォーツ	54	12-11-11	新馬1着	22.0	9

単勝1,180円　複勝320円 1,530円 170円　枠連8,430円
馬連41,500円　ワイド11,790円 740円 4,750円
馬単73,210円　三連複40,940円　三連単362,070円

重賞穴パターン
16

馬券購入者の意識オッズに反映され

ジャパンC（GI）

SAMPLE RACE①

2022年11月27日　東京12R　芝2400m良

馬名	性齢	斤量	単勝	人気	前走
1 ① シムカミル	牡3	55	41.5	11	9.11 ニエル賞（G2）・1着
1 ② オネスト	牡3	55	13.3	6	10.2 凱旋門賞（G1）・10着
2 ③ ヴェルトライゼンデ	牡5	57	9.5	4	9.25 オールカマー（G2）・3人7着
2 ④ トラストケンシン	牡7	57	424.6	18	10.16 オクトーバーS（L）・8人11着
3 ⑤ グランドグローリー	牝6	55	57.0	14	10.2 凱旋門賞（G1）・5着
3 ⑥ ヴェラアズール	牡5	57	4.5	3	10.10 京都大賞典（G2）・2人1着
4 ⑦ テュネス	牡3	55	25.5	7	11.6 バイエルン大賞（G1）・1着
4 ⑧ デアリングタクト	牝5	55	13.0	5	11.13 エリザベス女王杯（G1）・1人6着
5 ⑨ ユニコーンライオン	牡6	57	67.2	15	11.13 福島記念（G3）・10人1着
5 ⑩ ハーツイストワール	牡6	57	42.7	12	11.6 AR共和国杯（G2）・5人2着
6 ⑪ カラテ	牡6	57	55.7	13	10.30 天皇賞秋（G1）・9人6着
6 ⑫ シャドウディーヴァ	牝6	55	259.0	16	10.15 府中牝馬S（G2）・5人7着
7 ⑬ テーオーロイヤル	牡4	57	26.1	8	11.6 AR共和国杯（G2）・1人6着
7 ⑭ ダノンベルーガ	牡3	55	4.2	2	10.30 天皇賞秋（G1）・4人3着
7 ⑮ シャフリヤール	牡4	57	3.4	1	10.30 天皇賞秋（G1）・2人5着
8 ⑯ リッジマン	牡9	57	374.1	17	11.3 OROカップ（G）・13人4着
8 ⑰ ユーバーレーベン	牝4	55	35.5	10	10.30 天皇賞秋（G1）・10人8着
8 ⑱ ボッケリーニ	牡6	57	32.3	9	10.10 京都大賞典（G2）・1人2着

が
すぎた重賞

週中の見解(netkeiba.comのコラムより)

人気馬での決着が毎年の恒例だが…

近10年のジャパンカップはトーセンジョーダンの大穴激走（11人気3着）があったくらいで、他には8番人気以降の穴馬が馬券になっていない。反対に1～5番人気の単勝回収率は108％、単勝オッズ1～9.9倍では単勝回収率107％など非常に高く、人気馬での決着が毎年の恒例となっている。

とはいえ、悶絶した昨年のサンレイポケット4着（10番人気）をはじめ、19年マカヒキ4着（12番人気）、17年アイダホ5着（10番人気）、15年ジャングルクルーズ4着（17番人気）、13年ドゥーナデン5着（13番人気）など穴馬の激走が全く垣間見れないわけではない。

ここで名前が上がった惜しい馬に2頭も名前が挙がる外国馬は近い将来（今年かも）馬券内に入る確率は高いでしょうし、直近で全く見せ場のなかったマカヒキ・1600万勝ちからジャパンカップへ挑戦しての4着というジャングルクルーズなど、東京2400mというダービー・オークスが行われる日本競馬の最も力を入れているレースという側面に似つかわしくない結果になっている。

これは「日本競馬の主軸」として設定されている「東京芝2400m」という存在を必要以上に馬券購入者側が意識してしまっている結果だろう。

東京芝2400mで行われるGI・ジャパンカップだからこそ、過去に同条件のダービー・オークスでの実績もある馬が多い。しかし、その**「わかりやすすぎる適性」はもはや馬券購入者側の無意識下での常識とまで浸透していることから、競馬で勝つためには一切不要**

な情報になっている。

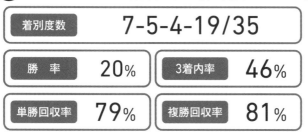

表1 2012~2021/ジャパンC/
オークス or ダービー3着以内の馬の成績/単勝オッズ1~29.9倍

着別度数	7-5-4-19/35
勝率	20%
3着内率	46%
単勝回収率	79%
複勝回収率	81%

ダービー・オークスで好走した馬のジャパンカップでの成績(単勝オッズ1~29.9倍の馬に限定)は、勝率20%・複勝率46%・単勝回収率79%・複勝回収率81%と高確率で走る上にしっかりと複勝回収率が80%に収束してしまっている結果、むしろ着実に負けるための近道とまでなっている。

念押しだが、これはなにもダービー・オークスで好走していた馬が弱いというわけでは決してなく、単に競馬で勝つためには全く必要でないというだけのこと。**勝つために我々はそれら以外に該当する馬を狙うべき**なのです。

そこで注目したいのは東京芝2400m重賞での実績のない馬でも、それよりも長い3000m超の菊花賞や天皇賞春での好走歴がある馬です(表2)。

過去10年で単勝回収率122%・複勝回収率107%と上々。

これは3歳春時点の決着として2分23秒台、近年では2分22秒台で決着するようなダービーと、古馬として出走して決着時計が2分24秒台や2分25秒台になるジャパンカップとでは、スピード面よりもスタミナ面に適性がシフトしやすく、その結果3歳時の菊花賞で

表2 2012～2021／ジャパンC／4～5歳
東京芝2400m重賞連対実績なし
菊花賞・天皇賞春掲示板歴あり／単勝オッズ1～29.9倍

年	馬名	性齢	人気	着順
2021年	アリストテレス	牡4	4	9
2020年	グローリーヴェイズ	牡5	4	5
2019年	ユーキャンスマイル	牡4	4	5
2018年	キセキ	牡4	4	2
2017年	シュヴァルグラン	牡5	5	1
2016年	キタサンブラック	牡4	1	1
	サウンズオブアース	牡5	5	2
	シュヴァルグラン	牡4	6	3
	ゴールドアクター	牡5	3	4
	リアルスティール	牡4	2	5
2015年	ラストインパクト	牡5	7	2
	サウンズオブアース	牡4	5	5
2013年	アドマイヤラクティ	牡5	4	4
	ゴールドシップ	牡4	2	15

活躍した馬や、そもそも天皇賞春で好走できる馬でも走れる環境ができるのでしょう。

今年の各該当馬は以下。

菊花賞好走歴のある馬は不在で、天皇賞春実績馬からはテーオーロイヤルが出走予定。

当然テーオーロイヤルには注目をしたいですが、オールカマー・アルゼンチン共和国杯と馬体増を見込んでいる中で体重が増えず。馬体重と状態面については当日までしっかりと精査したいところです。

▶▶ダービー

2020年　3着：ヴェルトライゼンデ

2021年　1着：シャフリヤール

▶▶オークス

2020年　1着：デアリングタクト

2021年　1着：ユーバーレーベン

▶▶天皇賞春

2022年　3着：テーオーロイヤル

週末の予想（ウマい馬券での印・買い目）

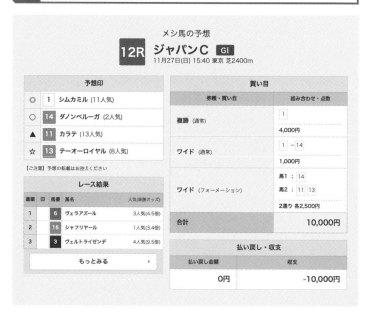

メシ馬の予想

12R ジャパンC GI

11月27日(日) 15:40 東京 芝2400m

予想印

◎	1	シムカミル (11人気)
○	14	ダノンベルーガ (2人気)
▲	11	カラテ (13人気)
☆	13	テーオーロイヤル (8人気)

【ご注意】予想の転載はお控えください

レース結果

着順	印	馬番	馬名	人気(単勝オッズ)
1		6	ヴェラアズール	3人気(4.5倍)
2		15	シャフリヤール	1人気(3.4倍)
3		3	ヴェルトライゼンデ	4人気(9.5倍)

もっとみる ›

買い目

券種・買い目	組み合わせ・点数
複勝 (通常)	1 4,000円
ワイド (通常)	1 − 14 1,000円
ワイド (フォーメーション)	馬1 ： 14 馬2 ： 11 13 2通り 各2,500円
合計	10,000円

払い戻し・収支

払い戻し金額	収支
0円	-10,000円

予想までの経緯や買い目の工夫について

ジャパンカップで惜しい競馬をした外国馬の共通点は?

コラムでは「長距離適性が重要」ということでテーオーロイヤルを推奨しましたが、コラム内でも懸念していた通り、調教後馬体重を見てもまた馬体を減らしそうな雰囲気で強気にはなれず、他の馬から本命候補を探すことにしました。

そして、本命はシムカミルに。

結果は勝負に参加する前にインで不利を受けてしまい答え合わせすらできずじまいになってしまいましたが、来年以降のジャパンカップでも通用する考え方だと思うので全文を掲載しておきます。

シムカミル本命の考察全文

近年はさっぱり馬券になっていないものの、ジャパンカップにおいて外国馬は実は惜しい競馬をしていて、ドゥーナデン5着、アイヴァンホウ6着、イラプト6着、イキートス7着、アイダホ5着、グランドグローリー5着など。

これら惜しい競馬ができていた馬を見てみると、血統表を見てもマイル・スプリント色がかなり強いことがわかる。

ドゥーナデン:アホヌーラ(1000m重賞2勝)・カルドゥネヴェ(マイル重賞馬)

イラプト:ドバウィ(1400mGⅠ勝ち馬)・スペクタキュラービッド(米二冠馬)

アイダホ:デインヒル(1200mGⅠ勝ち馬)・マースケイ(1200mGⅠ勝ち馬)・ヴェガー(ハイランドリールとアイダホの母。半

兄ハイランドリールは香港ヴァーズ1-2-1着、BCターフ1着）
グランドグローリー：デインヒル（1200mGⅠ勝ち馬）・デイラミ（マイルを含むGⅠ・7勝）・マキャヴェリアン（1200m・1400mGⅠ勝ち馬）

シムカミルはというと、父タマユズはマイルGⅠ・2勝馬（日本での産駒はマイネルエテルネル（勝利は全て芝1200m）。3代父ガルチはBCスプリント勝ちなどマイル以下GⅠを6勝、母母父はポリッシュプレセデント（マイルGⅠ・2勝のダンチヒ産駒）、母父ピヴォタルは1000mGⅠ勝ち。

ピヴォタルの母父にはマイルGⅠを当時のレコードで勝ったコジーンなどスピード血統が並ぶ。

そういった血統背景からか、欧州での競馬を見てもゲート・二の脚は頭一つ抜けている。

ゲートからテンの速さで置かれてしまって最後方からの競馬で上がり33秒台が使えるはずもなくアウトという外国馬が多い中で、ポジションが取れそうなテン・二の脚は武器になる。

これまではスプリント色の強い馬はどうしても欧州で実績を残せていないがために、当然このジャパンカップへも出走ができなかったが、ニエル賞を勝ったにもかかわらず凱旋門賞をパスしてジャパンカップへ出走してきた点も含めてチャンスがある。

このあたりは日本超主流のディープインパクト産駒を凱旋門賞へ連れて行っても歯が立たないが、日本だとGⅠをなかなか勝てない主流からはやや外れるステイゴールド産駒のほうが凱旋門賞で活躍しているのに近いだろう。

話が少し逸れたが、シムカミルは欧州の一流レースで結果を

残している上に、血統的にもようやくジャパンカップで走れる下地のある馬が出てきたので本命にしたい。

また、能力的にはダート条件戦で15.74-10.89-11.94-11.21-11.43というラップでの勝利歴ありで、パリ大賞では12.30-11.85-11.54-11.55-11.97というラップで2着していて、2400mの分散したロンスパ戦ならば先行さえできれば十二分に戦えるラップ持ち。この時の勝ち馬はオネストだが、爆発的な瞬発力を見せたオネストに対して、こちらはゴール前で差を詰め返す仕草を見せてのもの。

このあたりはニエル賞での映像からも明確にソラを使う馬なのだろうし、厩務員も「シムカミルは後ろをついていく方が馬が落ち着いて安心する」とコメント、また東京競馬内での調教中も常にオネストの後ろを取りたがるなど、あきらかに前の馬を追いかけてこそ。強い相手でこそこの馬の本領を発揮してくれそう。

さらにプラス材料としては、今年から東京競馬場に国際厩舎ができたこと。従来は競馬学校で7日間の検疫後、東京競馬場へ移動だったのが直接になることで、移動の負担が減り検疫期間中でも調教ができることになる。

ダービー・オークス好走馬が来たがこの結果には納得

結果としては、2600mで実績のあったヴェラアズール、ダービー馬シャフリヤール、ダービー3着歴のヴェルトライゼンデ、オークス馬デアリングタクトという上位勢の決着。コラム内でもダービー・オークス好走馬の複勝率は46%と高いこと、そして、それらの馬の単複は80%に収束していることを紹介しましたが、2022年はそれらがドはまりしてしまう結果になっただけのことであって、これらの結果には納得をしていますし、**長期で成績を追っている身からすれば理想的なハズレ方だった**と言えます。

同じジャパンカップをあと100度やろうとも、この決着は相当数発生するでしょうが、結果的に見れば収支はマイナスになるだけの決着だと今でも確信を持っていて、そこに反省点はありません。

ただし、ひとつ反省したい点はヴェラアズールの評価。

ヴェラアズールのジューンSの後半4F・5F時計は相当に優秀だっただけに評価を冷静にするべきだったと思っています。具体的には戦前から以下のことがわかっていながらも明らかに過剰人気とそれ以上の精査を辞めた点です。

- **ジューンSの後半4F45.7は春東京開催の3勝クラス・2400m戦の過去10年の中では最速。後半5Fは2位であって、他の上位レースを見るとウインテンダネス（目黒記念勝ち）、アイアンバローズ（ステイヤーズ2着）、シルヴァーソニック（ステイヤーズS勝ち）、ゴールドギア（目黒記念5着）などが名を連ねていることから、ヴェラアズールも重賞では足りる器であると想像できる。また、このジューンSで2着だったブレークアップはアルゼンチン共和国杯を勝利。**

- **京都大賞典は古馬GⅠ実績（5着内）のある馬はマイネルファンロン、ユニコーンライオン、アリストテレス、アイアンバローズだったが、アイアンバローズを除いて先行して沈んでいた。**

例年ならまだしも、今年の日本馬はメンバーのレベルが揃っていないことから、これだけの実績を元にすれば勝負の範疇に入れるべきだったと思っています。

ヴェラアズールの過去5走

日付	レース名	コース	人気	着順	位置取り	着差
2022/10/10	京都大賞典(G2)	阪神芝2400稍	2	1	10-10-11-10	-0.4
2022/6/11	ジューンS(3勝C)	東京芝2400良	1	1	9-8-8-6	-0.3
2022/5/14	緑風S(3勝C)	東京芝2400良	4	3	10-11-11-11	0.1
2022/4/17	サンシャインS(3勝C)	中山芝2500良	3	3	12-12-12-7	0.4
2022/3/19	淡路特別(2勝C)	阪神芝2600稍	4	1	6-7-7-6	-0.1

複勝とワイドにした意味とは?

また買い目としては、シャフリヤールやヴェルトライゼンデ、デアリングタクトの期待値が薄いと判断してシムカミルの複勝とダノンベルーガからシムカミル、カラテとテーオーロイヤルへのワイドにしました。結果を見れば不正解だらけにはなりましたが、シムカミルが好走した場合の相手はダノンベルーガすら消えている可能性があることと、大穴であることから人気馬次第で複ハネが期待できるとして複勝をメインに選択。

反対にダノンベルーガやカラテはスローペースで天皇賞秋の再現が見られればシャフリヤールやヴェルトライゼンデが飛び、天皇賞秋組決着+先行でき適性のあるテーオーロイヤルでの決着が見込めるとしてワイドを選択しました。

人気馬で期待値が取れないと判断した場合には、こういった複勝+ワイド2点でリスクヘッジと攻めの馬券を共存させる形も有効だと思っています。

2022年11月27日　東京12R
ジャパンC（GⅠ）芝2400m良

	着	馬名	斤量	位置取り	前走成績	単勝オッズ	人気
	1	3 ⑥ヴェラアズール	57	11-9-10-10	京都大賞典(G2)1着	4.5	3
	2	7 ⑮シャフリヤール	57	12-14-14-12	天皇賞秋(G1)5着	3.4	1
	3	2 ③ヴェルトライゼンデ	57	5-5-5-4	オールカマー(G2)7着	9.5	4
	4	4 ⑧デアリングタクト	55	12-13-14-14	エリザベス女王杯(G1)6着	13.0	5
○	5	7 ⑭ダノンベルーガ	55	8-10-10-7	天皇賞秋(G1)3着	4.2	2
	6	3 ⑤グランドグローリー	55	8-10-12-12	凱旋門賞(G1)5着	57.0	14
	7	1 ②オネスト	55	8-6-7-10	凱旋門賞(G1)10着	13.3	6
▲	8	6 ⑪カラテ	57	5-6-7-7	天皇賞秋(G1)6着	55.7	13
	9	4 ⑦テュネス	55	15-15-16-16	バイエルン大賞(G1)1着	25.5	7
	10	8 ⑰ユーバーレーベン	55	16-17-7-7	天皇賞秋(G1)8着	35.5	10
	11	5 ⑩ハーツイストワール	57	2-2-2-2	AR共和国杯(G2)2着	42.7	12
	12	6 ⑫シャドウディーヴァ	55	16-15-16-17	府中牝馬S(G2)7着	259.0	16
	13	2 ④トラストケンシン	57	12-10-12-14	オクトーバーS(L)11着	424.6	18
☆	14	7 ⑬テーオーロイヤル	57	2-3-3-3	AR共和国杯(G2)6着	26.1	8
◎	15	1 ①シムカミル	55	4-3-3-4	ニエル賞(G2)1着	41.5	11
	16	5 ⑨ユニコーンライオン	57	1-1-1-1	福島記念(G3)1着	67.2	15
	17	8 ⑱ボッケリーニ	57	5-6-5-4	京都大賞典(G2)2着	32.3	9
	18	8 ⑯リッジマン	57	18-18-18-18	OROカップ(G)4着	374.1	17

単勝450円　複勝160円 140円 240円　枠連470円
馬連940円　ワイド380円 560円 530円
馬単1,920円　三連複2,360円　三連単9,850円

コウエイオトメ

あとがき

競馬界の変化は目まぐるしく、常に新しい立ち回りを意識させられます。その中で、いかに自分の中の古い考え方を改め、新しい考え方を自分のものにしていくかという葛藤や、悪戦苦闘具合、そしてどう軌道修正していくのかという過程をお見せすることができた一冊になったと思います。

本書においては、木曜コラムと最終的な週末予想を見比べ、結果的に狙っている馬をどう選択（変更）したのかを記すという斬新なスタイルを取りましたが、週中〜週末の短いスパンの中でもオッズを見て狙い馬を変えていることがわかったと思います。今の日本の競馬ファンは予想のレベルが非常に高く、そういった予想のレベルが高い人が注目を集め、自らのSNSやYouTubeなどで発信をする時代だからこそ、本来（収支的に）勝てるはずであった馬が、（収支的に）負ける馬に変わってしまうことさえあるのです。面白いことに、そこには競走結果における因果関係はなく、勝率・複勝率は誰が本命にしようと変わりません。変わるのはオッズだけです。好走率が変わらないのにオッズが下がれば必然的に収支は悪くなり、勝てる人であっても「なんか不調だな」というマインドに陥ってしまい、その結果自身のスタイルを崩して、元来とは違う馬を本命にしてしまう……。極端な例かもしれませんが、少なくとも上記のようなことを私は何度も経験しています。

かつて培った「馬の能力や適性を見極める能力」は決して色あせるものではありません。本文中にも記している通り、大枠で盲点と

なっている馬を重視するものの、該当馬が複数頭いる場合、最後の判断では馬個別で見る能力も当然問われます。しかし、今は「馬1頭1頭、能力や適性を細かく論理的に理解する」だけで勝てるほど簡単ではなくなりました。

影響力のある人が不特定多数に特定の馬を推すことで、自身の予想とは関係なしに勝てなくなる可能性がある時代だからこそ、今まで以上にオッズによる取捨の技術が問われると思っています。今後2023年以降の競馬においては、いかにおいしいオッズになっている馬を見つけることができるかという点が最も大事になってくるはずです。

もし「最近なんか不調だな」と思うことがあったら、もう一度本書の内容を思い出してみてください。

最後に私の好きな格言を紹介します。

Change is the law of life.
And those who look only to the past or present
are certain to miss the future.
（変化とは人生の法則である。
過去と現在しか見ない人は、確実に未来を見失う。）

John F. Kennedy（ジョン・F・ケネディ）

2023年5月　メシ馬

メシ馬（めしうま）

1992年生まれ。愛知県出身。祖父が馬主だったため、幼い頃から競馬に触れる機会が多く、2013年の安田記念をハズしたことを切っ掛けに馬券の研究を始める。現在はnetkeiba.com、フジテレビONE「競馬魂」、雑誌「競馬王」での活躍をはじめ、競馬オンラインサロンのオーナーとしても活躍中。血統・ラップ・馬場読みを中心に臨機応変にファクターを使い分ける予想スタイルで、大穴狙いに定評がある。著書に『マンガでわかる 勝つための競馬入門』（オーパーツ・パブリッシング刊）、『「絶対に負けたくない！」から紐解く穴パターン事典』（ガイドワークス刊）などがある。現在はオーストラリアで馬を2頭所有し馬主としても奮闘中。

Twitter @kyv_a

オンラインサロン
https://lounge.dmm.com/detail/2040/

重賞穴パターン事典（じゅうしょうあなパターンじてん）

2023年6月6日初版第一刷発行

著　者	メシ馬
発行者	柿原正紀
写　真	橋本健、村田利之
装　丁	oo-parts design
協　力	株式会社ネットドリーマーズ
発行所	オーパーツ・パブリッシング 〒235-0036　神奈川県横浜市磯子区中原2-21-22 グレイス杉田303号 電話：045-513-5891　URL：https://oo-parts.jp
発売元	サンクチュアリ出版 〒113-0023　東京都文京区向丘2-14-9 電話：03-5834-2507　FAX：03-5834-2508
印刷・製本	中央精版印刷株式会社

 ISBN978-4-8014-9072-7